AF359495

DES
CONCESSIONS MARITIMES

AU POINT DE VUE

DU DROIT, DE L'ÉCONOMIE
DE L'HYGIÈNE ET DE LA RELIGION

ET DE

leur avenir rattaché à celui de la
Marine en général

SUIVI DU

Programme de la Compagnie huîtrière
de Toulnine-Lopérech

PAR

A.-M. BLANCHO

parqueur, ancien aspirant auxiliaire

AURAY

IMPRIMERIE-LIBRAIRIE RENAUD, RUE DU SABLEN

1878

A M. GAMBETTA

PRÉSIDENT DE LA CHAMBRE DES DÉPUTÉS

HOMMAGE DE L'AUTEUR

En mettant cet opuscule au jour trois ans après son impression, je crois faire acte de bon citoyen en y ajoutant la présente dédicace.

L'éminent homme d'Etat vient de se révéler tout entier en faisant adopter le scrutin de liste qu'il désirerait non pour un département seulement, mais pour la France entière, réunissant dans une même pensée et un même but la chambre entière des députés composée de toutes les gloires de la nation.

C'est d'une admirable logique. La force du pouvoir personnel de l'Empire a résidé dans ses millions de voix concentrées sur une seule tête. Par contre, il nous faut aujourd'hui pareil nombre de voix concentrées sur une seule liste : c'est le plébiscite parlementaire. Entre ces deux sortes de plébiscite l'opposition est aussi radicale qu'elle l'est entre les deux emblèmes de l'Empire et de l'Institut, comme je l'expliquerai plus loin.

A cela — conséquence inévitable — il faut ajouter non seulement l'effacement, mais encore l'abaissement du Chef du Pouvoir exécutif. Il manque le fier Sicambre courbant son front royal devant la suprématie de l'intelligence : le roi règne et ne gouverne pas. Alors seulement la Révolution de 1830 aura complété sa seconde édition.

La Petite-Ile (Locmariaquer), le 30 Mai 1881.

A.-M. BLANCHO.

DES
CONCESSIONS MARITIMES

AU POINT DE VUE DU DROIT,

DE L'ÉCONOMIE, DE L'HYGIÈNE ET DE LA RELIGION,

ET DE

LEUR AVENIR RATTACHÉ A CELUI DE LA MARINE EN GÉNÉRAL

I

Nous ne trouvons l'équivalent de la concession des parcs maritimes que dans la possession musulmane, tradition patriarchale de l'ancien droit sémitique qui donne la *propriété* de la terre à Dieu et sa *possession* à l'homme. Le représentant de Dieu est le Sultan ou le chef de tente, selon qu'il s'agit de propriété nationale ou de propriété individuelle.

Deux modes d'occupation du sol existent chez les Arabes d'Algérie : le *melk*, propriété individuelle analogue à la nôtre, moins la division entre les enfants, sur laquelle le Sultan n'avait aucun droit. A chaque changement de règne, le propriétaire melk avait seulement le soin de faire confirmer son privilège par le bey, délégué du Sultan.

La terre *arch* est à la disposition de la tribu; la possession en est essentiellement aléatoire, selon les besoins de la population. C'est l'*ager romanus* attribué à ceux qui en ont besoin, sans qu'il soit nécessaire d'édicter une nouvelle loi agraire pour opérer un nouveau partage. De cette façon, celui qui peut se procurer le mobilier nécessaire à la culture devient toujours fermier, et la totalité de la rente est payée à l'Etat, sans qu'un particulier ou propriétaire intervienne pour en toucher une portion.

En France et ailleurs, la rente se partage entre l'Etat et le propriétaire : l'impôt en France est généralement du dixième de la rente, il reste donc les neuf dixièmes au propriétaire.

Dans la concession maritime, l'Etat est seul à toucher cette rente ; le concessionnaire ne peut louer, ni aliéner, ni léguer, privilége distinctif de la souveraineté du propriétaire. C'est un fermier annuel continuant son bail par tacite reconduction, avec l'espoir sinon d'un bail perpétuel pour toute la propriété qu'il détient, au moins pour une portion largement nécessaire à lui et à ses descendants.

Je ne dirai pas de cette forme du droit que c'est un nouveau soleil qui se lève sur le monde économique, puisque c'est une forme antique ressuscitée du droit biblique ; mais il y a là un droit nouveau qui donne raison à la distinction que faisait Proudhon du droit de propriété et du droit de possession.

L'Etat s'attribuant la totalité de la rente à l'exclusion d'un propriétaire, cet état de choses existe facilement dans l'enfance des sociétés, comme dans la tribu arabe où il n'y a ni bâtiment ni amélioration d'aucun genre. Lorsqu'il est indispensable de faire des améliorations foncières, de surveiller la gestion du fermier, ce rôle semble dévolu plus particulièrement au propriétaire qui agit ici sous l'impulsion de l'intérêt personnel. Mais l'intérêt personnel peut être mauvais conseiller, et nous voyons chaque jour des propriétaires laissant péricliter leurs biens entre les mains de fermiers rapaces qui, les engrais commerciaux aidant, arrivent bien vite à détruire la vieille fertilité du sol. L'instruction est ici l'élément qui semble faire défaut au propriétaire, mais l'insouciance en est souvent la cause principale.

— 3 —

Dans le système des concessions maritimes, le progrès par les améliorations semble donc impossible, en l'absence d'un propriétaire. L'Etat doit-il en remplir complètement le rôle, dès qu'il absorbe la totalité de la rente sous forme de redevance ? C'est ce que nous allons examiner.

Faisons d'abord ressortir la différence qui existe entre l'Etat et les citoyens. Chez l'Etat, ce sont des hommes qui remplissent des fonctions dont une volonté supérieure, celle du chef, leur trace les règles : ils font abnégation de leur liberté ; ils reçoivent un traitement fixe ; une retraite leur est assurée pendant leur vieillesse.

Le citoyen, seul responsable de son avenir, ne connaît que la liberté ; il remplit aussi une fonction dans la société ; mais son traitement est aléatoire et fixé par ses clients, tandis que l'avancement et le traitement arrivent au fonctionnaire par ses supérieurs. L'un livre ses services au prix du marché, qui comprend le bénéfice; l'autre au prix de revient qui exclut l'aléa. Le citoyen se procure une retraite pour ses vieux jours; mais cette retraite, il se la donne en économisant sur ses revenus quotidiens.

L'autorité et la liberté sont-elles indispensables l'une à l'autre comme *critérium* l'une de l'autre, ou bien peuvent-elles s'exclure l'une l'autre ?

Le propriétaire-citoyen semble indispensable, comme je l'ai indiqué tout-à-l'heure ; mais c'est tout simplement parce que l'Etat-propriétaire croit ne pouvoir constituer son personnel de manière à remplir le rôle du propriétaire-citoyen. Ce personnel doit cependant être persuadé, la transformation économique de l'Etat devenant obligatoire de jour en jour, qu'il y a en tout cela pour lui une question d'être ou de non-être, et qu'en laissant l'Etat péricliter, on risque fort de péricliter soi-même, au moins dans ses enfants ; car les enfants des fonctionnaires sont plus généralement des fonctionnaires que des entrepreneurs d'industrie.

Est-il donc impossible de faire faire par l'Etat les améliorations que fait actuellement le propriétaire, de manière à rendre possibles le progrès et la civilisation sur le domaine du premier?

Evidemment non !

Que chaque membre de la grande famille de l'Etat se pénètre de l'importance de ses fonctions, dans lesquelles se résume leur prospérité, et je dirai même leur sécurité, et les plus simples opérations du propriétaire, surtout du propriétaire absentéiste qui agit par procuration, seront rendues facilement exécutables par l'Etat.

Dans le cas où le Ministère de la Marine n'aurait pas recours à cette voie, forcément le monopole de la redevance lui sera disputé par le possesseur qui, aidé du capital, voudra faire des améliorations foncières et acquérir, en conséquence, les droits de propriétaire. Au reste, l'Etat, n'ayant pas de capitaux à sa disposition, peut accorder la clause du remboursement des édifices du domaine congéable; ou bien les améliorations du fonds maritime étant faites par lui et agréées par le concessionnaire, celui-ci paiera purement et simplement l'intérêt des travaux par une augmentation de redevance. Le domaine maritime restera ainsi intact.

Ce domaine peut devenir d'autant plus productif pour l'Etat que, semblable au Beylick qui accordait gratuitement des terres aux tribus frontières du Maghzen chargées de la défense, il accorde gratuitement des concessions maritimes aux inscrits. Etre productif pour l'Etat, ce ne peut être évidemment que d'une question de marins et de matériel qu'il s'agit. Mais les dessèchements, les étangs diminuent chaque jour le domaine maritime par l'appropriation individuelle. Les habitants de ces espaces qui en ont été distraits, ressortent désormais à la conscription. La conscription laisse puiser des marins dans son sein, c'est vrai ; il est même des marins haut placés qui s'accommodent de cet arrangement, parce que les hommes de cette provenance seraient plus obéissants et moins ivrognes que ceux des classes; mais où arriverons-nous avec ce système qui tend à mettre une ligne droite à la place d'une ligne brisée, pour ce qui est de la limite séparative de la terre et de l'océan? C'est chercher à diminuer la Marine en la réduisant progressivement.

Une loi complémentaire des concessions maritimes semble donc nécessaire : l'inscription maritime de tous les concessionnaires de parcs à titre de possesseurs ou fermiers maritimes, et le service obligatoire au moins en ce qui concerne la défense des côtes.

II

La propriété c'est le vol, voilà un adage qui récemment retentissait d'une manière lugubre aux oreilles des propriétaires. Celui qui poussait ce cri y mettait peut-être autant de passion que de raisonnement. Aujourd'hui on sait ce que cela veut dire : la propriété est le droit de la guerre, le droit d'aubaine, le droit du plus fort en un mot, qu'il s'agisse du chef de l'État ou des citoyens; le fermier, le travailleur est le seul homme qui mérite de la sympathie. Au lieu d'un grand nombre de voleurs, propriétaires individuels, puisqu'on ne peut absolument s'en passer, Proudhon n'en voulait qu'un seul, le chef de l'État; tout le reste de la nation se fût composé de fermiers.

La suite de ce raisonnement découle de soi : le chef d'État le plus acceptable est le monarque héréditaire qui compte le plus de générations entre lui et son ancêtre usurpateur, de manière que la tâche originelle soit le plus possible affaiblie. Son droit devient ainsi plus légitime que celui d'aucun autre monarque. De plus, dans la hiérarchie de l'État, les plus bas grades qui s'éloignent le plus du Chef, sont les plus honorables; moins ils ont d'autorité, plus ils ont de pauvreté, plus ils sont humbles, plus ils sont dignes.

La société, encore sous l'impression de ce coup de boutoir du Saint-Jean-Baptiste franc-comtois, donne la partie belle au système économique que la Marine a intronisé en France : un royaume de pauvres, mais de pauvres heureux, tel est le dernier mot du droit de possession sanctionné par la religion; et l'expression de *pauvre* ne saurait avoir une signification autre : vivre au jour le jour en travaillant (1).

La possession, aussi bien que la propriété, peut être héréditaire. Ne voyons-nous pas tous les jours des fermiers ruraux se succéder de père en fils, pendant de longues années, dans la même ferme ! Pourquoi le détenteur d'une concession du domaine maritime ne serait-il pas admis à présenter son fils ou son gendre, sa fille ou sa bru même, pour lui succéder. Cela existe déjà : les héritiers ont toujours la préférence ; mais ce que l'on élimine par ce nouveau mode, c'est l'agiotage qui, d'après Proudhon, faisait pousser jadis ce cri au *Constitutionnel: Pourquoi des propriétaires à Paris?* A Paris où , sur la rive droite, le mètre de terrain se vend jusqu'à 1500 fr., ce que coûte un hectare de bonne terre dans notre pays breton ! Et à quoi cela sert-il à l'industriel, au commerçant, au locataire qui habite la maison, sinon à élever considérablement les frais de production.

Il est de l'intérêt de l'État-propriétaire, aussi bien que du possesseur, comme je l'ai déjà dit, que son personnel soit capable de se mettre au lieu et place du propriétaire particulier. Ce personnel, aux capacités reconnues, doit joindre de plus à cette qualité indispensable le désintéressement; l'accumulation, l'économie lui est en quelque sorte interdite ; l'État se charge de son avenir, qu'a-t-il besoin de songer au lendemain. C'est

(1) L'on remarquera que la théorie de la propriété de Proudhon est le contre-pied de la théorie musulmane où le propriétaire est le représentant de Dieu. Il n'y a pas de milieu: il faut être mahométan ou chrétien, aimer les biens de ce monde ou s'en détacher. Si le prêtre séculier, qui peut être propriétaire, n'avait pas été institué, jamais le christianisme pur du clergé régulier n'eût été accepté par les propriétaires.

bien pour lui qu'a été écrite cette parole de l'Evangile : « cherchez la justice et toutes ces choses vous arriveront par surcroît ». Le fonctionnaire-propriétaire est une anomalie, dès que la propriété fait le principal de son revenu. Ces deux professions exercées dans leurs sphères respectives sont peut-être la condition indispensable pour maintenir la société en haleine, par une espèce de concurrence tacite. C'est une lutte entre la Monarchie et la République, entre l'Autorité et la Liberté, entre la Russie et les Etats-Unis, dont la France est le théâtre, qui a sa raison d'être ; mais l'activité sociale tombe dès que la neutralisation des deux courants a fait cesser toute opposition de principes par leur réunion dans la même personne. Je ne crois pas trop m'avancer en disant que dans la Marine cette neutralisation est moins commune que dans les autres services de l'Etat ; c'est pour cela qu'à elle est dévolue un rôle spécial qui pourra influencer par un contre-coup profond les destinées de la société.

Autrefois, lorsque les cadets sans fortune de la noblesse entraient dans les fonctions publiques, l'opposition de principes était mieux conservée qu'aujourd'hui, et la société française en bénéficiait d'autant. L'affermissement du pouvoir paternel qui dispose de ses biens comme il l'entend, dans l'intérêt des enfants, aurait pour conséquence le même ordre de choses. Si à l'un il destine le patrimoine territorial, à l'autre il peut attribuer un patrimoine tout aussi important dans la société, celui de l'intelligence, en lui fournissant l'instruction d'une profession spéciale.

III

L'avenir du domaine maritime ne peut être assuré que par une communion étroite de sentiments entre l'Etat et le possesseur. Aussi, serait-il bon d'en éloigner tous les indifférents, et sinon n'attribuer les concessions qu'à des marins, au moins former des concessionnaires une garde nationale maritime spéciale et sédentaire. Ce serait revenir aux anciens garde-côtes pour ce qui est de la défense. Cette communion étroite étant assurée, resterait à établir la création financière qui améliorerait le domaine maritime sans l'aliéner. Le crédit foncier est naturellement l'établissement auquel on songe tout d'abord ; mais cet établissement de crédit territorial, sorti de sa voie, ne doit pas se confondre avec le crédit maritime ; il doit en être distinct. Aussi une société financière spéciale devrait-elle être constituée.

Le mode de procéder serait bien simple. Voici une anse qui communique avec la mer par une embouchure étroite. Une digue permettrait l'élevage des huîtres et du poisson. Deux conditions principales sont nécessaires : la chaleur et l'aération. La chaleur s'obtient en été en ne renouvelant pas souvent les eaux ; l'aération, tout aussi indispensable, parce que tous les êtres sous-marins ne respirent qu'au moyen de l'air dissous, l'aération, dis-je, est produite par le mouvement des eaux à la surface, par la lame, le clapotis. Au Jardin d'acclimatation, on réussit à entretenir la vie sous-marine dans l'aquarium avec très-peu d'eau de mer relativement, mais cette eau est aérée par une petite cascade, alimentée au moyen d'une pompe. Cette condition d'aération est de rigueur, et les concessions fermées doivent avoir une certaine étendue pour que des vagues puissent se produire. C'est dans des conditions analogues que la plupart des travaux d'appropriation seront nécessaires (1).

Le possesseur de la concession fait une demande motivée de la construction d'une digue au Ministère de la Marine. Un inspecteur d'une Société de crédit foncier maritime descend sur les

(1) Pour ce qui concerne la production du naissin, il me paraît que deux choses sont indispensables: une bonne garde des bancs contre les pêcheurs-braconniers, ce qui pourra appeler dans l'avenir la création d'une gendarmerie maritime composée d'hommes de choix; et en second lieu la production économique des collecteurs. Je crois dès à présent que chaque parqueur pourra fabriquer sa tuile facilement, comme un cultivateur fabrique ses engrais. J'espère pouvoir l'affirmer prochainement par ma propre expérience. Il pourra ainsi utiliser les sept ou huit mois pendant lesquelles il n'a rien à faire.

lieux, accompagné du Commissaire de l'Inscription. L'exposé des motifs et les plans sont discutés, contrôlés. Si l'avis de l'inspecteur et celui du Commissaire sont favorables, l'exécution est confiée à un fonctionnaire du génie maritime et au possesseur réunis, qui tombent d'accord sur le choix d'un entrepreneur ou qui agissent de concert s'ils le trouvent plus économique. L'État fournit le capital, le possesseur concessionnaire paie l'intérêt et l'entretien, rien de plus juste que le concours de l'un et de l'autre soit indispensable.

Ceci présente-t-il plus de difficultés que lorsqu'un propriétaire s'arrange avec son fermier pour lui faire des améliorations, à la condition qu'il en paiera l'intérêt et l'entretien ? Évidemment non ! Quel avantage peut-on trouver à appeler ici un propriétaire pour s'interposer entre l'État et le possesseur ou fermier du domaine maritime ? Aucun.

Le grand intérêt qui en résultera pour la nation, car c'est toujours là qu'il faut en venir, c'est que le fermier du domaine maritime ne pourra spéculer sur le fonds même de sa concession; tous ses soucis, toutes ses forces se porteront sur son travail. Si par malheur il ne réussit pas, s'il ne parvient à payer sa redevance, il est changé purement et simplement sans expropriation, sans frais judiciaires, qui absorbent la valeur la plus claire de la propriété. Il n'y aura pas ici évidemment de bon plaisir, mais des règles qui feront loi entre l'État et le concessionnaire.

IV

L'État pourra beaucoup pour la nouvelle industrie maritime des parqueurs. Le chemin de fer est insuffisant, surtout en été où cette nourriture hygiénique et rafraîchissante de la marée est réclamée par les populations de l'intérieur. Qu'est-ce, par convoi de chemin de fer, qu'une centaine de paniers de poisson que souvent l'on est obligé de verser à la rivière. Les pêcheurs du large eux-mêmes jettent quelquefois leur pêche par-dessus bord. Des voies de communication appropriées et de l'instruction, voilà ce qu'il faut à tous. J'ai dit combien peu d'eau de mer employait relativement le Jardin d'acclimatation du bois de Boulogne pour entretenir la vie sous-marine dans son aquarium. Or nous avons sur nos canaux des bateaux de 600 tonnes qui prendraient 500 tonnes d'eau de mer et 100 tonnes de poissons et coquillages. Les habitants de ces viviers flottants s'éclairciraient au fur et à mesure que le bateau s'avancerait dans l'intérieur ; les derniers vendus auraient d'autant plus d'eau à leur disposition. En présence de pareils résultats, que pourrait faire le chemin de fer avec ses quelques paniers de poisson gâté !

Il est un autre élément de la question sur lequel nous devons raisonnablement compter.

La religion, dévoyée de sa route par les nombreux assauts dont elle a été la victime, ne manquera pas de nous favoriser. Il me souvient, lorsque j'étais enfant, que l'on faisait maigre le samedi tout aussi bien que le vendredi. Les temps ont changé : les fabriques d'alcool de betteraves ont été créées, les eaux-de-vie ne suffisant plus; nous avons également dans nos fermes des fabriques d'animaux gras, où le carbone et l'hydrogène l'emportent sous forme de graisse, régime essentiellement échauffant qui a une action marquée sur le moral de la nation. Le clergé paroissial s'est laissé entraîner sur la pente, mais il nous reste le clergé régulier et le Saint-Père, et je ne doute pas que ce ne soit assez pour mettre la religion de notre côté (1).

(1) Les attaques d'apoplexie sont plus fréquentes que jamais, produites par un régime échauffant et un défaut de sobriété. Je ne parle pas des conséquences funestes vis-à-vis des tiers, dont la principale est de laisser des enfants à moitié élevés. Mais à qui la faute, si ce n'est au confesseur et au médecin trop peu sévères. Notons bien que les nouvelles aristocraties n'ont pas la tradition du régime, et que pour ce motif elles sont sujettes à dévoyer. Malheur à celles qui n'ont ni science ni religion : l'énergie des passions qui les ont élevées devient leur tombeau. Je connais un canton, qu'il est inutile de nommer, où ils s'en vont tous à la fleur de l'âge : pour donner une idée de l'étendue de la lèpre, il me suffira de dire que le médecin, gagné par la contagion, a succombé lui-même. En cas d'agression étrangère, que pourrait-on faire de semblables défenseurs, que l'on serait obligé de porter en palanquin comme des mandarins obèses !

Le divin Maître s'est plû à la rénover au milieu des pêcheurs dont il s'est fait des apôtres. Cette origine nous suffit et nous donne la mesure de l'importance dont notre œuvre est susceptible.

La marine a une mission particulière à remplir. Elle est destinée à soutenir et à provoquer même l'action bienfaisante de la religion. Qu'elle réussisse à fonder son système économique, que celui-ci soit complété par un réseau intérieur de canaux et d'irrigations, et l'influence territoriale des chemins de fer disparaîtra, en même temps qu'un climat et un régime plus aqueux appaiseront les appétits guerriers (1) ; autrement cette avidité générale des rois et du suffrage universel nous mènera par l'Etat ou la commune à ce que Proudhon avait proposé à l'Assemblée nationale, que l'Etat, dont il représentait les intérêts, se fût emparé de tous les revenus.

Le conseil municipal de Philadelphie, en 1872, taxait déjà la propriété urbaine à 3 % du capital (2). Il en restait à peu près autant au propriétaire. Dans ces conditions, ce ne sont bientôt plus que ses frais d'entretien des grosses réparations ; le droit d'aubaine finit par disparaître ; il n'y a plus qu'un avantage de considération à être propriétaire. On se rappelle involontairement les propriétaires gaulois qui, sous la curie romaine, abandonnaient leurs biens pour se soustraire à l'impôt. Il est incontestable, avec le système de la guerre et des impôts qui en sont la conséquence, que la propriété sera absorbée un jour ; la propriété individuelle disparaîtra, car (l'association réformatrice de Philadelphie le prouve) les dépenses de l'Etat ou de la commune ne profitent pas toujours à la propriété en raison des impôts qu'elle paie.

(1) Félix Mornand a remarqué que les montagnards en général, écossais, suisses ou kabyles, aiment l'indépendance et la liberté. Plus l'on s'élève, plus l'air est sec. Il y a là toute la différence qui existe entre le milieu extérieur où vit l'oiseau et celui où vit le reptile. Les causes intérieures analogues, c'est-à-dire une alimentation sèche contenant peu d'eau, produisent le même résultat. Le Catholicisme combat cette tendance des climats secs par le jeûne et l'abstinance.

(2) « To honestly meet our liabilities for 1872 will require taxation at the rate of three » dollars on every hundred of taxable property in the city of Philadelphia. »
(CITIZENS'MUNICIPAL REFORM ASSOCIATION.)

V

Au point de vue de l'avenir des concessions maritimes, il reste une question grave à traiter, celle de la servitude maritime.

Ou entend par *servitude maritime* une bande de terrain de six mètres de largeur, comptés à partir de la limite des plus hautes marées, et qui suit toutes les sinuosités du rivage. Peu de propriétaires connaissent la règle sous ce rapport, et leurs contestations avec les parqueurs sont fréquentes. Tous les parqueurs (et le public en général) doivent être admis à se servir de cette voie qui finit par aboutir à un chemin. L'autorité maritime, leur protectrice naturelle, leur rendrait un grand service en délimitant cette servitude qu'elle pourrait affecter à leur usage, en tant qu'il ne s'agit que d'y déposer des matériaux ou d'établir des chantiers provisoires, caractérisés par des hangars et des cabanes mobiles en bois, au moins sur la moitié de la largeur de la servitude. Je sais pertinemment qu'un propriétaire riverain, longeant le rivage de la mer sur une assez grande étendue, a consulté le Génie maritime sur ce sujet, et qu'il lui a été répondu que la servitude de six mètres devait rester libre pour le service maritime. Ce qui existe pour l'un doit exister pour tous; et il est certain cependant que des propriétaires riverains se soustraient indirectement à cette servitude par une clôture continue jusqu'au rivage. Il serait vivement à désirer que cette question fût résolue d'une manière générale, pour ne plus laisser de doute dans l'esprit de personne.

VI

Une institution complémentaire est urgente, c'est celle des syndicats maritimes. L'organisation existe ; il n'y a qu'à l'achever : adjoindre au Syndic des gens de mer un conseil syndical. Nous aurons ainsi la commune maritime. L'État a bénéficié considérablement de la constitution de la commune territoriale ; il bénéficiera tout autant de l'établissement du syndicat maritime complété dans son organisation.

La marine s'en va, c'est ce que nous entendons dans les lamentations de chaque jour. « Aide-toi et le ciel t'aidera » : marins, pêcheurs, parqueurs ne pourront que trouver un grand avantage à s'occuper eux-mêmes de leurs intérêts, et à les soumettre ensuite à l'approbation de l'autorité supérieure qui sera ainsi secondée plus activement que par le passé. Cette institution complétée sera utile pour ce qui concerne la marine du commerce dont le déclin est manifeste, pour la pêche dont les fonds dévastés ont beaucoup de peine à se reconstituer, et enfin pour l'aquiculture, industrie naissante dont l'avenir est d'une importance incalculable, qui est à la pêche ce que l'agriculture est à la chasse, transformation inévitable de toute civilisation en progrès.

VII

Faisons des vœux pour la création d'un Ministère de l'Aquiculture, du Commerce et des Travaux publics, qui fasse aux aquiculteurs tout le bien qu'ont reçu les agriculteurs de feu le Ministère de l'Agriculture, du Commerce et des Travaux publics.

La batellerie des canaux et rivières a souffert tout autant que la marine. Ses épreuves finiront en s'unissant étroitement à cette dernière ; la limite fictive des eaux douces et des eaux salées ne devrait pas exister. Diviser pour régner, voilà quel a été le plus clair résultat de cette séparation.

Finissons-en avec ces Corses, ces hommes du midi au tempérament sec et dur, qui ne veulent que s'élever et dominer sur des ruines, et sous lesquels la marine n'a jamais joué qu'un rôle très-effacé ; qui, enfin, ont fini par tuer le cabotage et escamoter les canaux au profit des chemins de fer.

VIII

Tous les ponts, qui sont autant d'obstacles à la réunion de la batellerie et de la marine, des mariniers et des marins, devraient recevoir un tablier tournant, au moins au-dessus de l'arche du milieu, sous laquelle existe ordinairement la plus grande profondeur d'eau, de manière à permettre le passage des navires et étendre la navigation jusque dans l'intérieur des continents. Les voitures et les chemins de fer attendront. Creuser des canaux latéraux là où les rivières ne sont pas assez profondes ; enfin, que dirai-je encore ? Ma pensée se résumera en un seul mot : AIMER la marine et faire pour elle tout ce qu'il est possible de faire. Telle devra être la devise d'un gouvernement que la France nécessite, et devant servir d'exemple au monde entier. Empire ou République, armée ou garde nationale, le gant est jeté désormais, et ils sont destinés à s'entre-détruire jusqu'au dernier. J'ai assisté et je dirai presque participé à ces boucheries entre frères qui ont quelque chose de ces joies ineffables du sauvage cannibale qui dévore son semblable. Elles recommenceront encore, soyez-en sûr. Alors apparaîtra la marine comme une pluie bienfaisante après l'orage pendant lequel le tonnerre a grondé ; mais quels ravages, quel effondrement de la richesse publique, quel désarroi général ! Ce que nous devons souhaiter surtout, c'est que les marins restent sur leur élément. Aller combattre des Prussiens sur terre, aller se battre dans les rues sur des barricades, est-ce leur affaire ? C'est du dévouement mal entendu. Qu'ils regagnent leurs rivages et leurs navires pour ne plus les quitter ; là est leur force et leur avenir. On ne doit pas pousser l'abnégation jusqu'à donner la main pour maintenir un système politique qui est la négation de la marine. Victor Emmanuel ou Garibaldi, pour nous comme pour le Saint-Père, l'un ne vaut pas mieux que l'autre. J'ai servi avec les meilleures intentions du monde dans la garde nationale parisienne, et assurément — les évènements l'ont bien prouvé — comme ancien marin j'étais déplacé en semblable compagnie : mes tentatives soit près de M. Thiers, soit près des gardes nationaux, n'ont amené pour moi que du ridicule.

Voici un trait de la guerre de la Commune qui montre le marin pour ce qu'il est dans sa manière de faire la guerre civile, qui est pour sa nature quelque chose de monstrueux.

Des marins détenaient la barricade de la rue de Seine qui faisait face au carrefour de Buci, occupé par les gardes nationaux au milieu desquels je me trouvais. On tiraillait depuis longtemps déjà entre les deux barricades, sans autre résultat que des balles qui, sans faire de mal à personne, allaient s'aplatir contre les pavés qui avaient servi à les élever, quand tout d'un coup les marins se montrent, faisant de grands signes d'amitié comme j'en ai vu faire dans le détroit de Dampier aux Papous qui voulaient monter à bord. « Les marins se rendent ! les marins se rendent ! » Ce fut un cri général de contentement parmi les gardes nationaux.

Les premiers marins arrivèrent, mais, notez-le bien, la baïonnette au bout du canon; ce qui n'était pas très-rassurant. On leur en fit l'observation; une discussion s'en suivit. Mais pendant ce temps les marins arrivaient toujours à la file les uns des autres, et bientôt ce furent ceux-ci qui prièrent les gardes nationaux de mettre bas les armes. C'était du comique au premier chef. Il n'y a que sur le gaillard d'avant que l'on peut imaginer de faire la guerre de cette façon. Le carrefour de Buci fut ainsi pris sans qu'une goutte de sang fut versée. Les soldats n'auraient pu se permettre une plaisanterie de ce genre, qui fut acceptée, un peu à contre-cœur il est vrai, de la part des marins.

Les gardes nationaux « honteux comme un renard qu'une poule aurait pris », s'en allèrent tranquillement par la rue Saint-André-des-Arts derrière la barricade de la place du même nom, et la fusillade recommença jusqu'à ce qu'une résistance raisonnable eut permis d'abandonner celle-ci à son tour, et ainsi des suivantes.

IX

La marine de l'État n'aurait-elle d'utilité que pour le transport des troupes et du matériel de l'armée? Cela me rappelle la femme arabe qui n'est jugée bonne par son mari que pour satisfaire à ses plaisirs, tourner la meule, tisser son burnouss et préparer les aliments de son seigneur et maître. Hors de là, il n'y a rien à faire pour elle dans ce bas-monde. Le rapport est le même entre les deux termes, l'un ne peut se passer de l'autre. Le sens de la réponse que je vais faire pour la femme servira pour la marine. La femme a-t-elle une action propre, personnelle, sur la civilisation, ou bien est-elle la chose, la propriété de l'homme? Je vais citer des faits et le lecteur jugera.

Le 6 juin 1876, je dressai une demande de brevet pour un dé, appareil inoculateur spécialement destiné à la défense des femmes. Il est inutile de dire les causes qui ont empêché cette demande de brevet d'arriver à sa destination. Ma lettre au Ministre était ainsi conçue :

« Monsieur le Ministre,

» J'ai l'honneur de solliciter de Votre Excellence un brevet d'invention de quinze ans pour un appareil d'inoculation, dont une application sous la forme d'un dé, est jointe à la présente demande.

» Cet appareil est spécialement destiné aux femmes pour défendre leur faiblesse naturelle contre toute espèce de violence ou d'agression faite en dehors de la légalité. Le fait suivant vous expliquera, mieux que toutes les autres considérations que je pourrais développer, son utilité et les cas spéciaux dans lesquels il est appelé à leur rendre de grands services.

» Un jour, une jeune fille du peuple est appelée dans une maison où, lui dit-on, l'une de ses amies désire lui parler. Confiante, excitée par la curiosité, elle se rend à la maison indiquée. On la fait entrer dans une pièce sombre où elle est enfermée à double tour. Ce fut pour elle un trait de lumière; mais il était trop tard...... Un de ses amis d'enfance, jeune et riche, poussé à bout par sa coquetterie dont il n'aurait pu avoir raison que par un contrat en règle, eut recours à un crime pour satisfaire sa passion, et la jeune fille, dont les cris ne purent être entendus, fut violée par lui.

» Une femme était sa complice; elle a été condamnée depuis pour des méfaits du même genre. Mais, dans le cas dont il s'agit, les jeunes gens éprouvaient l'un pour l'autre de l'affection. Celle-ci l'emporta chez la jeune fille sur son ressentiment, et leurs relations ainsi commencées continuèrent. Elle allait devenir mère. Le jeune homme, dévoré par le remords que lui causait sa mauvaise action, et comprenant qu'un devoir impérieux lui incombait, voulut l'épouser; ce à quoi sa famille se refusa formellement. Désespéré, il prit le parti de mettre fin à ses jours, et il se noya.

» La jeune fille eût-elle eu en sa possession l'arme défensive pour laquelle je sollicite un brevet de Votre Excellence (et qui est en rapport avec la faiblesse d'une femme), que sans doute le crime n'eût pas été consommé, et le double malheur d'un suicide et d'une mère délaissée ne serait pas arrivé.

» Combien d'assauts, moins excusables que celui-ci, sont restés inconnus! La femme en se plaignant à la justice, n'a-t-elle pas à afficher son propre déshonneur! Mais quelle raison puissante en son pouvoir pour repousser et éviter même la violence, qu'un dé possédant la vertu de celui-ci !

» Je citerai un autre fait que j'ai eu occasion de connaître dans le cours de mon existence, et que je tiens, comme le précédent, de l'une des personnes impliquées dans ces tristes drames.

2

» Un officier de l'armée, frère d'un amiral bien connu, se croit aimé et même sollicité par la fille d'un général. Il escalade, la nuit, la fenêtre de la pièce où elle reposait. Une esclandre s'en suit; le frère de l'amiral passe en cour d'assises et est condamné.

» Est-ce qu'une arme de la nature de celle que je mets au jour, n'aurait pas coupé court à toute difficulté, en donnant assez d'assurance à la jeune fille pour rendre inutile toute intervention, en devenant pour elle un porte-respect propre à refroidir des ardeurs intempestives et irréfléchies? On eût ainsi évité un scandale d'un côté et une condamnation de l'autre.

» La femme ne peut par précaution se munir d'une arme ordinaire : arme blanche ou arme à feu, dont l'emploi est excusé en cas de légitime défense. il faudrait une éducation spéciale, que ne comporte pas sa nature qui la fait le complément de l'homme et non son concurrent. L'homme, plus vigoureux, l'aurait, au reste, au prix d'une égratignure peut-être, bien vite désarmée. Mais avec un dé possédant la puissance toxique du serpent-minute (ainsi nommé parce qu'une minute de temps s'écoule entre la piqûre et la mort), arme presque insaisissable pour l'agresseur, cette égratignure devient une piqûre mortelle.

» En temps de guerre, combien de violences évitées de la part de soldats isolés, qui se croient tout permis quand ils sont vainqueurs et soustraits à la vue de leurs chefs !

» La femme en France n'est pas une marchandise qu'on vend, qui appartient au plus fort ou au plus riche. Les arabes expient ce forfait par le châtiment de la servitude. Sa volonté doit aussi être consultée. L'invention que je produis, l'aidera au besoin à assurer son choix et sa détermination.

» Ce moyen de défense est aussi bien sanctionné par le droit des gens (qui a pour base le droit de nature) que les moyens physiques ou mécaniques. Si, en effet, l'aigle tue mécaniquement sa proie en la déchirant, la vipère, le crotale tuent la leur chimiquement par une simple inoculation, seul moyen adapté à leur faiblesse. La femme, de par le droit de nature, est autorisée à l'employer également. C'est Dieu qui l'a voulu ainsi.

» De même que l'État accorde des brevets d'invention aux inventeurs d'armes mécaniques, j'ai tout lieu de croire que Votre Excellence voudra bien m'accorder la même faveur pour l'arme chimique qui fait l'objet de cette lettre.

» Je suis avec un profond respect, etc.

» L'Ile-aux-Moines, le 6 juin 1876. »

Après avoir donné un dessin et une description détaillée de l'invention, je la fis suivre d'une nomenclature des substances toxiques employées, dont voici les termes :

» L'Acide cyanhydrique ou prussique est le plus foudroyant des toxiques connus ; mais son extrême volatilité (il bout à 26°) le rend dangereux à manier. Les cyanures possèdent toutefois ses vertus, quoiqu'à un moindre degré. Viennent ensuite le Bi-chlorure de mercure, l'Azotate d'argent, le Chlorure d'or, l'Acide arsénieux, etc. Parmi les toxiques d'origine végétale : les extraits aqueux et résineux de noix vomique, le Curare, le Woralli et autres toxiques des régions tropicales.

» Pour préciser les idées sur la valeur relative des principaux toxiques, voici quelques extraits des expériences d'Orfila (Toxicologie) :

» Acide arsénieux (page 3, expérience 16).

» 10 centigrammes d'acide arsénieux pulvérisé ont été déposé sous la peau, sur le tissu cellulaire d'une incision faite à la cuisse interne d'un chien robuste. La mort a eu lieu le lendemain.

» Azotate d'argent (page 18)

» Expérience I. A onze heures trente cinq minutes, deux centigrammes d'azotate d'argent, dissous dans 8 grammes d'eau distillée, ont été injectés dans la veine jugulaire d'un chien. Les effets du toxique se sont produits au bout d'une demi-heure et la mort est survenue quatre heures six minutes après.

» Les expériences suivantes ont été faites dans les mêmes conditions, en variant les doses d'azotate d'argent et d'eau :

» Expérience II, 10 centigrammes, dans 12 grammes d'eau; mort six minutes après.

» Expérience III. 4 centigrammes, dans 6 grammes d'eau ; effet au bout de deux minutes, mort dix minutes après.

» Expérience IV. 2 centigrammes et demi dans 3 grammes d'eau ; mort au bout de 11 minutes.

» Chlorure d'or (page 30)

» Expérience I. Même expérience que pour l'azotate d'argent, avec 4 centigrammes de chlorure d'or et 4 grammes d'eau. L'injection a été faite à 11 heures du matin, et la mort est survenue à 5 heures et demi du soir.

» Cyanures

» 1° *Cyanure de Mercure* (page 734)

» Expérience IV. 25 centigrammes déposés sur le tissu cellulaire d'une incision faite à la cuisse interne d'un chien, ont produit des vomissements au bout de 2 minutes, et la mort est survenue 15 minutes après.

» Expérience VI. Trois centigrammes, dissous dans de l'eau distillée et injectés dans la veine jugulaire d'un jeune chien, le font tomber immédiatement et la mort arrive au bout de 5 minutes.

» 2° *Cyanure de Potassium* (page 408)

» Orfila fait remarquer qu'il n'existe que deux bons procédés de préparation : la méthode de Wiggers et la calcination du cyanure jaune de potassium et de fer. Le cyanure photographique est complètement inefficace parce qu'il est impur.

» Les expériences prouvent que les effets ou symptômes sont semblables à ceux déterminés par l'acide cyanhydrique.

» Bi-chlorure de mercure (p. 655 et 657)

» Exp. XIII. A onze heures du matin, 15 centigrammes à l'état solide sont déposés sur le tissu cellulaire, mis à nu, de la cuisse interne d'un chien. A 6 heures du soir l'animal est abattu. La mort est arrivée le surlendemain.

» Expérience XXI. 4 centigrammes ont été dissous dans 16 grammes d'eau distillée, et injectés dans la veine jugulaire d'une chienne. Des frissons, des vomissements et des déjections sont survenues au bout de 15 minutes ; la mort 5 heures et demie après.

» Noix vomique (page 602)

» Expérience V. L'extrémité pointue d'un bâton a été enduite de 50 centigrammes d'extrait *aqueux* de noix vomique, puis ensuite séchée. La cuisse d'un chien a été piquée avec ce bâton : le tétanos s'est déclaré au bout d'une demi-heure, et la mort est survenue dix minutes après.

» Exp. VI. Un bois pointu, enduit avec 7 centigrammes d'extrait *résineux* de noix vomique, a été enfoncé dans la cuisse d'un chien et a déterminé le tétanos au bout de 7 minutes, et 5 minutes après, la mort.

» Curare.

» Le Curare est un des toxiques les plus violents que l'on connaisse. M. Claude Bernard s'en est occupé d'une manière spéciale ; mais je n'ai pas sous la main de données positives à son sujet.

» Woralli

» Le Woralli, toxique d'origine végétale, sert aux chasseurs indiens de la Guyane pour empoisonner leurs flèches. A peine l'animal est-il atteint, qu'il tombe immédiatement, et, chose remarquable, le produit de cette chasse sert à l'alimentation sans qu'il en résulte d'accident.

» L'aperçu que je viens de mettre sous les yeux de Votre Excellence peut donner une idée suffisante de l'étendue du champ de l'invention. Je crois l'avoir analysée sous toutes ses faces, de manière à en faire apprécier l'opportunité d'abord, puis ensuite la facilité d'exécution, caractères qui la rendent une invention utile et pratique à laquelle est attaché, pour ces divers motifs, le caractère industriel. »

L'utilité de cette invention, quiconque aime la justice ne la contestera pas, et quiconque aime à secourir les êtres faibles l'approuvera. La femme se rattache au serpent par le droit de nature. Il faut être étranger aux plus simples notions de physiologie pour ignorer que la vie n'existe que par le concours simultané de deux espèces de forces : forces physiques, forces chimiques. La première réside dans la prédominance des poumons et de l'appareil moteur ; la seconde dans la prédominance des vaisseaux chylifères et lympathiques, des sécrétions glandulaires et de la puissance attractive qui s'attache à ce tempérament. Ce tempérament est celui de la femme au thorax étroit et au bassin développé ; tandis que l'homme au bassin rétréci et aux épaules plus larges, aux poumons plus volumineux, produit, pour ce motif, plus de chaleur et de force mécanique.

Les sécrétions glandulaires sont plus spécialement de la constitution féminine. Elles entraînent pour ainsi dire tout son être, notamment la sécrétion lactée dont l'appareil n'est que rudimentaire chez l'homme. Pour marquer ces différences, il me faudrait faire toute la théorie des arrêts et des excès de développement d'Isidore Geoffroy Saint-Hilaire. On sait aussi avec quelle facilité chez elle entre en action la sécrétion lacrymale. C'est un enfant qui a grandi en ajoutant aux charmes de la jeunesse une puissance d'attraction inconnue à l'homme. Elle est plus près que nous de la nature dans toute sa personne.

Les sociétés prennent leurs emblèmes et leurs armoiries dans la nature : L'aigle et le serpent ont, de tout temps, été pris comme les caractères spéciaux de ces deux forces conservatrices. L'aigle a été l'emblème de César ; il a été aussi celui de

Napoléon. Le serpent était celui du savoir dans l'antiquité ; il est encore celui de l'Institut de France. Ceux qui ont eu des rapports avec cette illustre institution, ont pu remarquer, en tête de ses missives, une Minerve coiffée d'un casque surmonté d'un serpent, et parée d'un collier de ces mêmes reptiles.

De même que nous avons cette séparation de fonctions dans la société, presque à l'exclusion l'une de l'autre, de même nous l'avons dans l'aigle et le serpent. Au serpent venimeux il ne faut que la force mécanique nécessaire pour enfoncer ses crochets sous la peau, moins que la piqûre d'une aiguille. Il ne déchire pas sa proie : il sécrète de la salive dont il l'enduit, ses mâchoires se distendent démesurément et il l'avale lentement d'une bouchée. Chez l'aigle et les oiseaux en général, il n'y a pour ainsi dire, que de la force mécanique. Les sécrétions des glandes du tube digestif sont très-réduites, et moins utiles dès que les aliments ont été divisés par un bec crochu, ou triturés dans l'estomac par les petites pierres qui s'y trouvent.

Quel est l'organe qui fonctionne le plus chez l'homme de savoir? C'est le cerveau, et le cerveau est une glande qui sécrète la pensée.

Voilà le lien qui rattache l'homme de savoir au serpent par le droit de nature. Il ne lui faut que la force physique nécessaire pour exprimer cette pensée par la parole ou par la plume.

La Religion nous représente la vierge-mère écrasant la tête du serpent sous son pied et refusant le présent que lui fait la nature. Sa vertu est la pureté, la soumission et la résignation. La Minerve de l'Institut le porte au contraire sur sa tête et s'en glorifie. Tradition et Révolution, Spiritualisme et Matérialisme, nous ne pouvons sortir de là.

Le marin se rattache aux reptiles par son existence au milieu d'un air constamment saturé d'humidité. Le poisson est souvent sa nourriture habituelle. Il est mauvais marcheur ; le marin-pêcheur surtout est essentiellement calme et tranquille il ne sort de ses habitudes que sous l'influence des liqueurs fortes dont, hélas! il ne fait que trop usage aujourd'hui. Il existe entre les marins un esprit de confraternité qui autrefois rendait les assurances maritimes inutiles ; car si un malheur arrivait à l'un d'eux, il était sûr en entrant au foyer de trouver aide et assistance pour remplacer son navire perdu. Que dirais-je des sociétés de sauvetage? Dans quelle profession trouverait-on autant d'abnégation et de dévouement?

Dans la marine, le lien hiérarchique qui lie le supérieur à l'inférieur, contient toujours plus d'affection que de crainte ou de supériorité hautaine ; le tutoiement des matelots par les officiers a quelque chose de paternel. Les formes raides de la discipline militaire y sont remplacées par un certain relâchement, quoique le sentiment du devoir y soit aussi profond. Le marin n'aime pas faire l'exercice ; cela ne va pas à son tempérament ; ses gestes n'ont pas, pour briller dans cette partie, une précision mécanique suffisante. Parlez-lui de souplesse, de faire de la gymnastique le long d'un étai ou sur le marchepied d'une vergue, c'est autre chose : il est là dans son élément, dans son véritable milieu auquel concourent toutes les puissances naturelles qui l'entourent.

Qui a jamais ouï dire qu'un amiral ait fait un coup d'état si commun aux généraux, auxquels sourit naturellement le titre d'*Imperator*. Jamais peut-être l'armée ne s'est trouvée dans un milieu aussi favorable à la domination impériale que l'Algérie. M. Thiers a tenté de mettre à sa tête un amiral, mais les influences antérieures l'ont renversé et ont rendu ce poste à un conservateur, à un général.

Il faut accepter les faits pour ce qu'ils sont. Il est incontestable que le marin est d'une nature inférieure à celle du soldat. Aussi est-il plus chrétien, plus religieux que ce dernier. Dans les ports de guerre, la Religion est en grand honneur et ses ministres y jouissent d'une influence marquée ; tandis que le mili-

taire n'a jamais aimé dans la Religion que la parade des grandes
solennités auxquelles il prête son concours. Les aumôniers militaires sont mal vus au régiment, et il doit en être ainsi : l'humilité ne peut marcher de pair dans le même individu avec
un esprit césarien de domination. Le marin brille moins,
s'efface d'avantage ; mais il y a chez lui plus de dévouement,
de conscience et de sacrifice. Les sociétés de sauvetage le prouvent. Le marin prévaricateur est inconnu. Le rapport du mar-
quis d'Andiffret nous a édifié sur les causes de nos insuccès
pendant la guerre, sur les arsenaux vides, les millions de fusils
qui n'existaient que sur le papier ; des documents publiés sur
les bureaux arabes dans les journaux de l'Algérie montrent
combien l'individualisme, où chacun songe à soi, a gangréné le
cœur de l'armée. Il est incontestable que la résistance faite aux
envahisseurs n'auraient pu avoir lieu si celle-ci n'avait puisé
dans les arsenaux pleins de la marine.

Dans la garde nationale, c'est encore quelque chose de plus
déplorable. J'ai été membre du Conseil de famille de ma compagnie au siège de Paris, et j'ai appris les dilapidations et les
exactions commises au détriment de l'Etat ou des gardes nationaux. C'était, au reste, une garde nationale pour rire, qui ne
savait pas tirer un coup de fusil, ni mettre une balle dans la
cible, exercice que nous avons pratiqué une fois ou deux pendant tout le siège. Il faut dire aussi que personne ne s'en in-
quiétait guère. La souveraineté réside dans le simple garde na-
tional qui l'exerce par l'élection ; mais je n'ai jamais entendu
exprimer aucun souci de ce genre. Empire ou République, Victor-Emmanuel ou Garibaldi, leur glas funèbre a sonné, à moins
que la nation ne tienne à disparaître avec eux.

Je connaissais déjà en partie la garde nationale parisienne
pour avoir servi en qualité d'aspirant auxiliaire à bord de la *Sé-
millante* dont on avait fait une prison pour trois ou quatre cents
insurgés ; mais à présent je les connais tout-à-fait. Ils m'ont fait

la grâce de ne pas m'avoir fusillé pour leur avoir prêché la royauté pendant la Commune, c'est toute la reconnaissance que je puis leur en avoir. Au reste, je n'ai pas ménagé non plus l'armée Impériale : le général Deligny qui m'a fait nommer conseiller général de la province d'Oran par l'Empereur, sait que, sous ce rapport, je n'ai pas hésité à exprimer mon opinion. Je rappellerai, entr'autres, un article intitulé : *une anomalie gouvernementale* que je fis insérer dans *l'Echo d'Oran*, dans lequel je faisais présager que l'armée serait la perte de la nation. Loin de me faire poursuivre, le général me donna le mandat de contrôler ses actes ; de tels sentiments n'ont pu que l'honorer (1).

Dix ans d'expérience algérienne m'avaient donné quelque droit d'émettre une opinion sur la Colonie. En 1870, je vis le maréchal Mac-Mahon dans son modeste cabinet de la rue Bellechasse, et après un entretien pendant lequel le Maréchal se montra à moi plein d'aménité, il consentit à remettre personnellement à l'Empereur un mémoire que j'avais écrit sur l'Algérie. M. Sacaley, le sous-chef du cabinet, m'a répondu depuis que ce travail n'avait pas été vu dans les bureaux, sans doute parce qu'il n'en avait pas suivi le cours ordinaire. Quel effet a pu produire sa lecture ? Au reste, je le reconnais, tous les mémoires possibles ne pouvaient conjurer la perte de l'empire et tous les désastres qui en ont été la conséquence.

Malheureux et misérable dans une sphère élevée où ma conscience était constamment en lutte avec ce qui se passait autour de moi, je me trouve aujourd'hui au milieu des petits, dans une sphère bien humble, mais où j'ai rencontré la sérénité d'esprit en même temps que la santé. Je reviens à ma profession de marin que je n'aurais jamais dû quitter. J'ai retrouvé de mes

(1) Je l'ai revu depuis à l'École Militaire, commandant une division de la Garde, ayant le désir de rester étranger à la politique, « ne voulant plus être que soldat ». On a toujours chance de se rencontrer sur le terrain de la conscience : on sait les articles éloquents que le général a écrits dans le TEMPS sur cette page funèbre de la guerre : la reddition de Metz

compagnons de bord, dont quelques-uns vont bientôt passer contre-amiraux. Leur ancien esprit de confraternité ne s'est pas démenti à mon égard. Pour moi, je suis redevenu matelot de 3me classe. Malgré la distance qui nous sépare, nous n'en sommes pas moins étroitement liés ; chacun a ses devoirs à remplir et les plus lourds à porter ne sont pas les miens.

X

J'essaie de réunir les partisans épars d'une même cause ; je vais parler de l'Institut.

A quel degré l'Empire l'a-t-il réduit ? J'ai assisté aux cours du Collége de France avant la guerre ; les salles étaient à peu près vides ; mais à deux pas les cafés du boulevard Saint-Michel regorgeaient d'étudiants (1). En portant le mouvement et le commerce de la rive droite sur la rive gauche, au milieu des écoles qui réclament pour l'étude le calme et la tranquilité, l'Aigle savait ce qu'il faisait : la légende impériale ne peut séduire que l'ignorance. Le regretté M. Coste avait exprimé sans ambages cette opinion, qu'il valait mieux se séparer. Il souffrait visiblement de cet état de choses, malgré les compensations dont le régime impérial l'avait surchargé. Maintes fois, à son cours d'embryogénie, je l'ai entendu exprimer le désintéressement de la science. On sait que les complaisances du budget ne s'arrêtaient pas sur l'instruction. L'Université est le lien qui rattache l'Institut de France au gouvernement, comme le clergé paroissial est le rapport de l'Etat à la cour romaine ; mais le Palais Mazarin n'a-t-il pas trop ménagé l'Université, dans laquelle nombre de ses membres occupent des sinécures largement rétribuées, et se sont laissé couvrir de plaques et de décorations à l'effigie de l'Aigle ; loin de porter fièrement le

(1) J'ai entendu M. Havet faire un admirable cours sur Sénèque et son parricide élève. J'étais troisième ou quatrième auditeur. Il en était de même dans les autres salles excepté à la salle 8 où l'on faisait de l'économie et de la politique.

drapeau de l'Institut, un serpent qui couronne le casque de Minerve, il s'est laissé conduire à la soumission de la Vierge, qui le foule aux pieds. A chacun son rôle ; la perpétuité de la civilisation est à ce prix ; il est à désirer qu'il reprenne donc le sien, Si le Gouvernement refusait à chacun de ses membres sa pension alimentaire de 3600 francs, le pays en masse subviendrait à ses besoins et à ceux de son enseignement (1). J'en dirai autant du clergé paroissial ; car dans notre France où existe le mariage civil et le mariage religieux, personne ne voudrait de l'un à l'exclusion de l'autre, et nous devons donner une main au matérialisme et l'autre au spiritualisme (2). Ne serait-il pas possible de secouer ce joug qui l'enchaîne ? Que l'on voie encore 50 millions pour augmenter ses traitements ou indemnités, comme on voudra les appeler, et ses ouailles finiront par laisser à l'impôt, qui se lève au besoin avec le secours de la force armée, le soin de subvenir aux dépenses des ministres du Christ. Le chef de l'Etat, qui déjà donne des ordres aux Evêques, pourra, nouveau César, prendre alors sans crainte le titre de Souverain Pontife, dont il exerce une partie des prérogatives. Il me semble qu'à cet égard le Saint-Père ménage trop une situation que le temps ne peut que sanctionner à son détriment et à celui de la Religion.

---

(1) Quand j'ai parlé à M. Miguet, secrétaire perpétuel de l'Académie des Sciences morales et politiques, de la défense des droits de l'Institut, il a secoué la tête. M. Barthélemy Saint-Hilaire m'a répondu qu'il ne sortirait jamais des voies légales. Mgr Darboy, de triste mémoire, ne m'a pas encouragé non plus en ce qui concerne les intérêts du Saint-Père. Il ne voulait pas, me disait-il, imiter ses prédécesseurs, et il tenait à ne s'occuper en quoi que ce soit de la politique. Hélas ! L'homme propose et Dieu dispose ; il était difficile de tenir de si près à l'Empire sans avoir à redouter les évènements qui devaient suivre.

(2) De même qu'il est des personnes qui trouvent plus agréable et plus salutaire pour la santé de prendre purs l'eau et le vin, de même je crois que la société bénéficie de la pureté des principes qui la font vivre. Je m'honore pour ma part d'avoir été marié par un maire radical et par un Père Jésuite. La force de l'habitude peut faire préférer la conciliation ; maiscette conciliation n'est faite souvent que pour masquer les défauts d'une eau corrompue ou d'un vin frelaté. La comparaison est juste jusqu'au bout.

XI

En écrivant ces pages, un sentiment de tristesse s'empare de
moi. Quels seront les adeptes qui consentiront à se ranger sous
la même bannière que moi. Tout le monde veut s'élever, personne ne veut s'abaisser. On désire bien devenir la tige de
de fleurs et de feuillage aux riches couleurs variées; qui voudrait de l'obscurité de l'humble racine ignorée de tous? Des légitimistes, il n'y en a plus : l'Empire avec ses brillants uni-
formes, ses finances, ses chemins de fer, les a domptés. Victor-Emmanuel sait au besoin s'allier à Garibaldi. En agriculture, il y en a pour tous les goûts : êtes-vous monarchiste,
vous vous adresserez à la Société *centrale* d'agriculture de
France, ayant des attaches officielles, composée en grande partie de membres de l'Institut. Êtes-vous républicain, allez trouver la Société *centrale* des agriculteurs de France, cela ne
coûte que 20 francs par an. Chacune de ces institutions a son
journal officiaux; ils s'invectivent quelquefois devant la galerie,
mais, dans les coulisses, ils s'entendent au profit de la centra-
lisation parisienne comme larrons en foire : il est impossible à
la province de leur faire concurrence.

Il n'y a plus, en effet, de légitimistes ni de tiers-état. Les
premiers se sont démocralisés; ils se sont alliés à la finance,
aux traitants; les seconds sont devenus des aristocrates; ils
sont riches et indépendants. L'Empire les a mis d'accord. Quel
est le légitimiste qui voudra reconnaître qu'en dehors de ses
biens patrimoniaux (qu'il est juste de lui rendre jusqu'à la dernière ferme), tout ce qu'il possède n'est qu'un vol ; au commerçant que tout ce qu'il accumule en dehors de ses frais d'entretien prélevés avec conscience, que son bénéfice est un vol;
au soldat que tous les impôts perçus à main armée sont autant
de vols. Il n'y a que ce que l'on donne sciemment et volontai-
rement, sans y être contraint par la force, qui soit légitime.
Pas d'huissier, pas de gendarmes. La Religion et pas autre chose.

Mais les biens de l'âme ne suffisent plus. On veut d'autres jouissances. On trouve des paysannes qui abandonnent leurs coiffes pour porter chapeau ; mais qui consentirait à quitter son chapeau pour revêtir le costume plus chrétien de la paysanne, plus conforme au droit de nature, qui nous enseigne que, dans toutes les espèces, le vêtement de la femelle est plus modeste et moins coloré que celui du mâle ? Et, cependant, je pourrais citer tout un long martyrologe de familles belles, nombreuses, enviées, unies, qui ont voulu s'élever ainsi en rompant avec la tradition. La malédiction est tombée sur elles : leurs membres sont dispersés, les enfants ne vivent pas ; les ruines, les suicides, les déboires de toutes sortes, parfois le risque de la prison et des galères pour subvenir à un genre d'existence qui a ses nécessités impérieuses. De telles chutes ont fait surgir de ces abnégations, de ces dévouements dignes d'être transmis à la postérité ; mais la génération actuelle passe, elle n'a pas le temps de s'y arrêter. Dans ces familles, en présence de tels châtiments, ne se trouvera-t-il pas une femme qui soit assez convaincue, qui ait assez de courage, assez peu de respect humain, pour retourner au costume de sa mère ou de sa grand-mère ? Serait-il, par hasard, bien plus difficile de sortir des grandeurs impériales que d'y entrer ?

Je me rappelle, au temps jadis, une image à un sou où l'on voyait sur la droite une procession de gens comme il faut, bien endimanchés ; insouciante et gaie, elle marchait au son des rires et des violons. Mais quel sort l'attendait ? La Mort était à l'extrémité qui, avec une faux, les précipitait au fur et à mesure dans les flammes. Du côté opposé, dans un chemin escarpé, couvert de ronces et d'épines, on voyait des pénitents, modestement vêtus, qui le gravissaient avec peine ; mais rendus au terme de leur voyage, ils trouvaient leur récompense. Je n'ai jamais vu au salon des Champs-Élysées une vérité exprimée d'une manière aussi saisissante que dans cette enlumi-

mince à un sou. La guerre a passé , nous n'y songeons plus ;
et les violons ont recommencé de plus belle à marquer la ca-
dence. Que le réveil ne soit pas plus terrible que la première
fois !

Dirai-je les ridicules des paysannes qui n'osant pas rompre
complétement avec la tradition, finissent par changer tout-à-fait
la coupe ancienne de leurs vêtements. Femmes et filles sai-
gnent à blanc leurs pères et leurs maris ; les dîners de gala, les
hypothèques et finalement une crise qui amène une ruine complète. C'est ainsi que j'ai vu de modestes fortunes d'anciennes
familles s'en aller. On n'est plus chrétien ; on met presque les
ecclésiastiques à la porte. On s'en passerait volontiers comme
au régiment. Tout cela a été l'ouvrage de l'Empire. Combien
ont su résister ? Peu , et , chose remarquable , les aînés sont
ceux qui se sont laissé le moins entraîner, en raison d'une vérité physiologique incontestable : la vigueur des germes. De
même que dans la succession des créations à la surface du
globe, des civilisations à partir de l'origine des sociétés, on re-
marque une énergie de moins en moins grande , de même les
cadets ont plus de gentillesse , plus de douceur, mais il leur
manque l'énergie de la résistance. Un système politique les met
en mouvement comme la poussière du chemin agitée par le
vent ; souvent, sans s'en douter, ils tiennent dans la même main
les idées les plus disparates.

La femme ! L'Empire qu'en a-t-il fait ?

J'ai connu , il y a quelque trente ans , deux jeunes filles que
je trouvais parfaites dans mon imagination de 20 ans. C'était
aussi l'opinion des salons, et plusieurs fois elles eussent trouvé
d'excellents partis si leurs dots n'avaient paru trop médiocres.
Pour moi je les compare dans mes souvenirs à cette délicieuse
image de la blanche hermine : une tache les aurait fait mourir.

L'Empire qu'en a-t-il fait ?

L'une s'est laissée choir dans la goinfrerie. Elle est devenue énorme. Sa physionomie, autrefois si pure, respire la bestialité que communique ce vice capital. Une attaque d'apoplexie a déjà failli l'emporter; mais celle-ci est déjà oubliée, et, au train dont vont les choses, une seconde attaque aura bientôt raison d'elle. La seconde est possédée du démon de l'avarice ; elle est en contestation d'argent avec tout le monde ; ses traits, lorsqu'ils sont sous l'empire de ses instincts de rapacité, ont quelque chose de hideux. On lui a donné un sobriquet d'harpagon, et sur les routes les enfants la poursuivent de leurs cris.

Pauvres femmes ! Qu'elles reprennent donc les coiffes de leur grand-mère : le vieux régime hygiénique de la marée, des habitudes réglées d'ordre et de travail ramèneront chez elle la santé du physique et du moral. Vouloir continuer à soutenir la Révolution, elles n'ont pas les aptitudes nécessaires pour cela.

C'est le droit et le devoir des aînés de frapper fort, à la condition de frapper juste.

Le confesseur et le médecin ont beau être indulgents, Dieu, lui, ne pardonne les chutes causées par les sept péchés capitaux qu'autant qu'une volonté ferme un nouveau genre de vie effacent les stigmates profonds qu'ont laissé leur empreinte. Heureux ceux qui peuvent être persuadés ; pour les autres la nécessité se fera cruellement sentir un jour. Car la société est ainsi faite : les familles ne se perpétuent qu'autant qu'elles savent ajouter l'intelligence à l'énergie des instincts, de manière à ne pas se laisser dominer par ceux-ci. A moins toutefois que leurs membres ne se disent : après moi le déluge. De telles paroles sont un suicide, et le mal est sans remède.

En parlant de l'indulgence coupable du prêtre et du médecin, je parle principalement des jeunes prêtres et des jeunes médecins. Les études sérieuses leur font défaut (1). Je me suis trou-

(1) Cette légèreté des études nous donne de jeunes vicaires sachant bien faire leur raie, nous rappelant les abbés élégants d'autrefois. Si je voulais faire du scandale, je raconterais tout au long une histoire de poulet qui s'est passée naguère dans une pa-

vé à Sainte-Anne sous un supérieur au cœur ferme et bon, M. Charil, aujourd'hui curé de Lorient. En nous lisant les notes mensuelles des élèves, il nous répétait souvent : « mes chers enfants, étudiez les mathématiques: car on dit au dehors que nous sommes des ânes chargés de latin. » Cette étude, qui pourrait en contester l'utilité ? Les mathématiques sont le spiritualisme de la science; elles en sont l'initiation indispensable. Je parle ici de l'ancien Sainte-Anne; car la Révolution a passé là comme ailleurs : Sainte-Anne, en écartant toute idée de blasphême, a quitté sa coiffe pour porter chapeau.

Des étudiants sous l'Empire, j'en dirai deux mots. A la Faculté de Médecine de Paris, j'ai assisté à un cours de M. Bouchardat sur « le lait et ses substituants pour le nouveau-né. » Le grand amphithéâtre où se donnait la leçon était à peu près vide, trois ou quatre étudiants au plus qui prenaient des notes. Une autre fois, le même amphithéâtre était littéralement plein (j'estime de 5 à 600 élèves) à une leçon de M. Gubler sur le Chloral. On prisait les nouveautés ; mais les études de fonds étaient complètement négligées.

Là où les Sœurs peuvent remplacer avantageusement le médecin, dans nos robustes campagnes où les cas difficiles sont rares, c'est de se livrer sérieusement à l'étude de la médecine naturelle, de l'hygiène. A la sœur appartient la médecine du corps et à l'ecclésiastique la médecine de l'âme, celle à laquelle les médecins ont donné le nom de médecine mentale,

roisse voisine. L'affaire s'est ébruitée grâce à l'insistance de la femme du maire qui s'est mise de la partie, et le vicaire a eu son changement. Cette jeunesse sacerdotale fait le désespoir des recteurs. Ce sont encore des fruits de l'Empire. Le mot grec PRESBU-TEROS, ancien, d'où PRESBYTÈRE, demeure des anciens, indique qu'autrefois le saint ministère était confié à des hommes âgés. Ce fait démontre suffisamment que le noviciat pourrait être augmenté pour le jeune prêtre avant d'aborder le confessionnal. Le clergé séculier, en contact journalier avec les immondices du siècle, a peut-être plus de mérite de résister aux tentations semées sous ses pas ; mais pourquoi ne pas mettre la nature de son côté en exigeant une plus grande expérience. Je sais bien quel est le système politique qui s'enorgueillit de ses défaillances.

celle qui s'occupe plus spécialement du système nerveux, de la physiologie des tempéraments , de l'aliénation. C'est plutôt de la médecine extérieure , de la médecine à distance. C'est une branche d'une importance considérable qui est fort négligée par les médecins . Il y a quelques années , M. Delasiauve , spécialiste vieilli dans cette partie de la science, a été obligé de suspendre , faute d'abonnés , la publication du *Journal de Médecine mentale* dont la création remontait à plusieurs années.

XII

La vie et le mouvement ne s'entretiennent dans l'univers que par la différence des températures. Le mouvement de l'air est produit, selon les expressions pittoresques dô M. Jamin, par le courant équatorial qui *s'élève*, et par le courant froid du pôle qui *rampe* près du sol pour se rendre à l'équateur. C'est un cercle sans fin. Il en est de même des courants océaniques , comme l'a démontré le lieutenant Maury : c'est la circulation du sang de la terre. Gasparin a également émis cette opinion , que la vie ne se manifestait, au printemps dans les plantes, que lorsque la différence de température entre la tige et la racine était assez grande pour mettre la sève en mouvement. Cette loi est générale dans la création : la mort ou le sommeil survient lorsque l'une de ces deux fonctions fait défaut. L'opposition de la tige et de la racine est aussi celle des animaux à sang chaud et des animaux à sang froid , de l'aigle et du sérpent qui forment le fond des emblèmes et armoiries dont l'origine se perd dans la nuit des temps.

A ce propos, je dirai deux mots de l'opposition de César et du Christ, les deux moteurs de la civilisation qui du passé s'étend jusqu'à nous, pour s'y éteindre et y rallumer une nouvelle.

Souvent nous voyons encore, dans les anciennes images, le serpent enroulé autour du pied de la croix, comme pour l'embrasser avec amour. Pénétré de sa divine mission, le Christ avait vu quelles étaient les conséquences déplorables de l'envahissement des mœurs romaines ; abdiquer cette mission, c'eût été peut-être la fin de la civilisation sur la terre, qui eut péri par défaut de l'un des deux principes qui la font vivre et renaitre. Aussi n'hésita-t-il pas à se sacrifier, bien que souvent son âme fut troublée en songeant à l'amertume du calice qu'il devait boire.

Il se faisait les amis des victimes de César, victimes dans les mœurs, dans la religion, dans l'économie, choisies dans les derniers échelons de la société où l'on pèche toujours par ignorance, mais où l'on sait aimer profondément. Beaucoup des opinions de M. Renan se sont confirmées dans mon esprit par dix ans d'habitation en Algérie. J'ai vu là, sous la tente, fabriquer le burnouss sans coutures, dont les deux côtés sont retenus par une très-courte patte, de la largeur de trois doigts, tissée en même temps que l'étoffe.

Les disciples du Christ étaient des hommes ardents pour la vérité qu'ils aimaient. Mais, comme le disait dernièrement le vicaire de ma paroisse, c'était des hommes de rien, *dén a nitra*, et le monde n'en a pas été moins remué par eux ; la vérité exige, peut-être même, pour se répandre, qu'elle soit enseignée par des hommes qui, abstraction faite de toute position sociale, n'en imposent que par la vérité elle-même.

Une étude attentive m'a fait voir quelle immense distance séparait le Christianisme du Mahométisme, religion qui s'est imposée par la force plutôt que par la persuasion. Aussi dans les mœurs, le vol y est-il pour ainsi-dire toléré, et n'évelle pas cette profonde aversion que le chrétien éprouve pour lui. Le véritable chrétien préfère recourir au don volontaire, et mourir plutôt lorsqu'il lui fait défaut ou que le travail lui est impossible (1).

(1) Ici un souvenir fait saigner mon cœur. Je vois mourir un être dévoué, victime du chacun pour soi. Je ne sais lequel accuser, de l'égoïsme ou des nécessités du système,

Mais le christianisme n'est que la moitié du catholicisme. Saint Joseph se faisant le père de l'enfant Jésus, est le comble du dévouement et de l'abnégation, et la jouissance la plus intime d'un devoir divin pour celui qui l'accomplit.

Quelques mots d'explication sont nécessaires. Le catholicisme a su toujours allier les grandeurs de la nature aux dogmes de la religion. La Trinité nous représente les trois états de la matière, avec gradation de chaleur : solide, liquide, gaz. Le solide, c'est la terre, matière inerte sans le concours de l'air et de l'eau, la partie la plus âgée et la plus vieille du globe refroidi ; c'est le *caput mortuum*, le vieillard sans vie. Le liquide représente le Christ, le séjour de la nature inférieure, l'élément féminin, marin, pêcheur, tel que je l'ai déjà indiqué, l'élément où la vie s'accomplit avec une chaleur moindre, où enfin les combustions sont moins actives. Le gaz ou l'air (esprit, soufle, colombe, langue de feu) est la personnification de la force mécanique et de la chaleur, qui aujourd'hui sont reconnus équivalents. Un végétal, un arbre par exemple, présente en petit le globe terrestre : le bois intérieur, presque mort, c'est le squelette qui sert de soutien à l'écorce et au chevelu des racines, à l'écorce et aux feuilles de la tige ; l'eau est au pied et l'air au sommet, et, chose remarquable, la racine ne peut vivre dans une eau dépourvue d'air : ce qui l'assimile au monde inférieur sous-marin où les êtres ne peuvent vivre sans eau aérée. Enfin il me serait facile de démontrer l'unité de la Création en reliant l'homme aux végétaux par les animaux.

personne n'ayant assez pour soi. Mais c'est avant tout cette peur terrible de manquer pour le lendemain. Que dirait le Christ en faisant irruption dans une telle société ? Le mot d'ami existe cependant dans la langue de ces gens-là ; mais il est bien entendu que l'amitié s'arrête à l'entrée de la caisse. Je vois d'ici la pauvre victime, malade, incapable de travailler, résolue à mourir, et par un excès de délicatesse envoyant, pour payer sa dette, sa montre qui aurait servi à la faire vivre quelques jours de plus. J'entends les vautours s'écrier : que cela est beau ! Cela est possible. Mais ici c'est le sentiment religieux, le sentiment fraternel qui crie vengeance. Ceux-là qui l'ont laissé mourir, je les ajourne à vingt ans. Que dis-je ! Dix ans suffiront pour les couvrir d'opprobre et de honte.

L'homme est composé de deux systèmes qui, tous les deux, présentent la forme arborescente : le système de circulation sanguine qui puise par ses racines (les vaisseaux chylifères) dans l'intestin grêle, et par ses feuilles (les poumons) dans l'air : je m'arrête aux grands traits. La racine du système de circulation nerveuse est dans l'obscurité du crâne, c'est le cerveau ; sa tige renversée passe en arrière de la colonne vertébrale, dans laquelle M. Paul Gervais a cru reconnaître comme un support de balance soutenant les deux systèmes, qui en seraient alors les plateaux. Il s'épanouit ensuite aux extrémités des sens et des doigts, j'allais dire des rameaux. Ce support fait partie du squelette, *du caput mortuum* qui porte l'un et l'autre comme la terre porte l'atmosphère et l'océan (1).

Ces deux systèmes se pénètrent intimement, et l'un ne pourrait vivre sans l'autre ; mais cependant, selon le régime adopté, l'un peut prendre plus d'importance que l'autre. Il me suffira, par exemple, de citer les effets du vin et ceux du café, le premier agissant plus spécialement sur les mouvements et le second sur l'intelligence. pour faire saisir la différence des résultats provenant du régime.

Enfin la fonction génératrice est divisée en deux : d'un côté la sève et la racine, de l'autre la tige et le fruit (2) ; et si nous

(1) Plus les nerfs de la sensation s'éloignent du cerveau, plus celle-ci devient obtuse et plus les nerfs de l'expression ou de la force mécanique prennent d'importance. Le nerf optique, par lequel nous arrive la majeure partie de notre connaissance des choses, est très gros ; et la faible force mécanique qui dessert l'œil s'obtient au moyen de quatre petits muscles qui servent à le faire mouvoir dans son cercle d'observation. La sensation par le toucher de la main ne nous apprend que peu de chose sur la matière, aussi déjà les muscles qui entourent le bras sont-ils puissants. Dans les doigts du pied, le toucher est fort obtus, mais les muscles qui entourent la jambe sont énormes, et c'est en élevant le poids de son corps à l'aide de ses pieds, sur une roue à cheville. que l'homme est susceptible de produire la plus grande somme de force mécanique. Les diverses professions de la société où ces deux ordres de fonctions s'exercent presque à l'exclusion l'une de l'autre, se trouvent ainsi justifiées.

(2) Une racine pour chaque tige et réciproquement. J'ai vu ce principe de monoamie singulièrement confirmé en Algérie par la loi naturelle qui préside à la détermination des sexes dans les naissances. L'état civil de la population composée d'Arabes, de Fra

considérons le corps humain à l'extérieur, nous découvrirons la tige et les feuilles dans les yeux, dans tous les sens en général, dans les mains, les pieds et les muscles qui les recouvrent ; et la racine et son chevelu dans la tête et les cheveux. C'en est assez pour répandre en courant comme un trait de lumière dans l'unité de l'œuvre divine, et pour faire admirer la Trinité, cette clef de la religion et de la nature, qui en ouvre toutes les portes.

Ce sujet, *Les mystères devant la science*, a été longuement développé dans des sermons du P. Félix, à Notre-Dame de Paris, en des termes équivalents, mais plus éloquents et moins matérialistes. Or, pour en revenir au mystère de l'Incarnation, si nous nous reportons à l'air, élément au travers duquel nous arrivent la force et la chaleur, à la nature du messager, un ange fils de l'air, nous reconnaîtrons que le Saint-Esprit nous cache une force symbolisée de la nature, en même temps que le matérialisme nous fait supposer (Saint-Joseph ayant hésité à recevoir Marie déjà grosse) un acte nécessaire accompli par la force mécanique qui représente Dieu quand la femme est obéissante et résignée, c'est-à-dire par un pacha, par un soldat, dans une razzia peut-être, tel que cela se pratique encore en Orient et en Algérie, où la femme ferme les yeux et son cœur, où elle se laisse vendre et acheter comme une esclave, en ne reconnaissant que le droit du plus fort et du plus puissant.

La Vierge se place à l'opposé de la Madeleine ; mais les rôles de Jésus et de Saint-Joseph n'en sont pas moins sublimes tous les deux, parce qu'ils font rentrer dans la société, l'un par le mariage civil, l'autre par le mariage chrétien, deux femmes qui en étaient sorties, l'une par trop d'obéissance, l'autre par trop de liberté.

En remontant plus au Nord, en devenant le catholicisme, le

çais, d'Espagnols, d'Allemands, d'Italiens, etc, donne toujours un égal nombre de garçons et de filles.

christianisme s'est complété. Le catholicisme se pose ainsi avec
avantage, comme religion réparatrice, entre le Mahométisme et
le Protestantisme, entre l'esclavage et la liberté de la femme.
J'ai habité l'Angleterre, et l'on peut dire que l'économie générale de ce pays roule sur cette liberté. (1)

Le Christ ne s'affirmait que comme le complément de César. « Rendez à César ce qui est à César et à Dieu ce qui est à
Dieu ». Dieu ici, ce n'était plus la force armée du tonnerre,
mais bien la persuasion armée de douceur et de patience. Néanmoins, il faut dans un ménage que l'homme ou la femme l'em-
porte, et le ménage, ici, c'était le monde : « Galiléen, tu as vain-
cu » fut le cri de désespoir de l'Hercule ignorant qui n'envisa-
geait le christ que comme un ennemi. L'alliance finit par se faire
cependant ; Constantin fut le premier empereur chrétien. Plus
tard, Charlemagne voulut, sans succès, recommencer l'Empire.
Aujourd'hui 89 a sonné. Une nouvelle civilisation s'allume ; le
nouveauCésar a paru ; il faut un nouveau Christ. M. Sainte-Beuve
m'a dit qu'il croyait fermement que cet homme était Proudhon.
Je ne le crois pas, malgré toute la valeur de Proudhon. Ce n'est
pas tout que d'avoir saisi la raison d'être du christianisme et
d'avoir tenté de la faire passer dans les faits ; comme je l'ai démontré, le christianisme n'est que la moitié du catholicisme,
notre père à tous. C'est en menant de front, dans sa vie publique et dans sa vie privée, le joséphisme et le christianisme,
qu'un homme, que la Providence ne manquera pas de désigner,
pourra sauver cette civilisation bien compromise par les événe-
ments qui menacent de surgir. Napoléon n'est devenu César que
parcequ'il était tout à la fois un noble et un parvenu. Le nouveau médiateur , appartenant à la classe du peuple , devra sa-

____

(1) L'intérêt de la France est de ne pas laisser périr le Mahométisme. Il faut souhaiter
que le Mahométisme puisse s'affermir en Afrique et en Asie. Le principe d'autorité y trouvera un refuge et peut-être des exemples. Supprimez la zone torride et
nous n'avons plus de saisons, l'économie agricole est bouleveversée, et la vie cesse.
Supprimez le principe d'autorité et vous verrez ce qui arrivera,

voir descendre au-dessous du dernier échelon social , et boire jusqu'à la lie toutes les amertumes de la vie. L'accomplissement de sa mission, le devoir divin qu'il se sera imposé pourra seul le soutenir au milieu de ses épreuves. Pour lui plus d'ambition, plus de grandeurs, toujours l'humilité et l'abjection. Quel rôle ingrat !

Quelques précoces éclairs dans les yeux d'un adolescent pourront devenir cependant pour lui quelques joies qui tempèreront l'amertume de ses douleurs , et porteront le doute sur sa véritable mission qui sera aussi bien celle de Saint-Joseph que celle du Christ.

Tout homme en face de Dieu et de sa conscience peut remplir cette mission. Il peut se croire dans son intérieur l'émule du Père nourricier et celui du divin Maître, du maire et du prêtre qui les remplacent dans la société.

La religion est tout entière dans le sacrifice de l'homme pour la femme et son enfant. D'après ses recherches, M. Renan croit pouvoir affirmer que Marie-Madeleine avait un fils. En relevant la mère , Jésus-Christ ne s'est-il pas en même temps sacrifié pour le fils ? Voilà pour les victimes de la liberté, appartenant généralement aux classes inférieures de la société.

Saint Joseph hésite un peu peut-être , mais il couvre de sa protection l'illustre enfant et sa mère , victimes du principe d'autorité aussi aveugle que le principe de liberté, lorsque l'un et l'autre ne sont pas fécondés par le savoir.

Le Christianisme et le Joséphisme, qui, réunis, forment le catholicisme, sont donc complémentaires l'un de l'autre ; le mariage civil et le mariage religieux ne sauraient s'exclure comme voudraient nous le faire accroire ceux qui ont intérêt à semer cette division pour mieux régner. Là est le nœud gordien des difficultés pendantes ; le dénouer c'est rendre service à la civilisation. Le divin maître a tiré du précipice la Madeleine repentante ; Saint-Joseph accepte la charge de père nourricier de la mère et de l'enfant abandonnés : voilà deux chutes sociales qui se répètent à chaque instant, et qui aboutiraient par leur fréquence au naufrage de la société elle-même, si ces deux exemples n'étaient là, depuis des siècles, pour trouver des imitateurs. En se bornant au mariage civil, et en en faisant un remplaçant du mariage religieux, Proudhon n'avait pas saisi, au moins tout d'abord, ce double caractère du catholicisme, qui s'adapte parfaitement à notre pays, tempéré physiquement et socialement, intermédiaire entre la femme libre de l'Angleterre et la femme esclave de l'Islamisme.

La femme anglaise mariée pratique de son propre mouvement la claustration volontaire ; elle ne s'appartient plus alors, elle ne connaît plus désormais que la vie de ménage. Le type de Mme Benoiton, toujours sortie, n'a pas été pris assurément en Angleterre. C'est une chose bien remarquable que, dans le protestantisme et l'islamisme, la claustration soit jugée nécessaire et obtenue ici par l'autorité, là par la liberté. Le droit de nature est, en somme, celui qui commande, et la femme est faite plutôt pour l'obscurité de l'intérieur que pour le grand jour du dehors.

C'est par plus d'un point que ces deux religions forment les extrêmes du monde moral. D'après ma propre expérience, je puis en esquisser quelques traits.

La jeune fille anglaise jouit d'une liberté excessive ; les jeux innocents y sont poussés à un point que nous n'oserions concevoir. Tout cela n'a qu'un but : arriver à trouver un mari. Je dois même ajouter que j'ai remarqué une certaine connivence, un extrême laisser-aller au moins, de la part de la mère qui, le cas échéant, ne serait pas fâchée de profiter d'une « criminelle conversation » pour bénéficier des avantages accordés libéralement aux femmes par la loi dans ces sortes d'occasions. Les jeunes étrangers, un peu novices sous ce rapport, y sont l'objet d'une attention toute particulière

Il va de soi que cette liberté de mœurs, nécessaire au système mercantile, doit développer la prostitution, cette lèpre de l'Angleterre. Il faut parcourir les rues de Londres, le soir, pour s'en faire une idée ; sans parler des filles en renom. Voilà ce que coûte le développement exagéré de l'industrie britannique.

Les Arabes s'énorgueillissent à bon droit de ne pas trouver de pareilles monstruosités dans leur économie sociale ; mais la polygamie — et ils ne s'en doutent pas — est la monstruosité qui fait le pendant de la prostitution. Excès de liberté d'un côté, excès d'autorité de l'autre. Et qu'on ne s'y trompe pas, ce n'est pas seulement une luxure effrénée qui fait sortir l'humanité du droit de nature, c'est le besoin de luxe, d'obtenir l'aisance de la vie.

J'administrais en Algérie, dans une section de commune, plusieurs douars arabes, contenant environ 800 âmes. Le recensement m'a donné, sur cette population, une douzaine de cas de polygamie. Un seul cas portait, si mes souvenirs me servent bien, quatre femmes, et les autres, trois ou deux. La polygamie est donc l'exception ; mais elle existe, et l'arabe, en prenant une nouvelle femme, cherche surtout à augmenter son bien-être, et à alléger des charges du ménage les autres membres féminins de la tente.

Ce n'est pas d'hier que ces excès sociaux existent. Ils sont l'accompagnement obligé de la civilisation ; et la religion dont le Mahométisme et le Protestantisme sont des rameaux, qui, depuis des siècles, a eu en vue de réparer les maux causés par ces excès, est une religion sublime que nulle autre ne pourrait remplacer.

XIII

La question des armes de guerre est d'une importance capitale. Elles doivent être sanctionnées par le droit des gens basé sur le droit de nature. Parmi nos vieux auteurs, Puffendorff nous apprend que cette base est indispensable. Les armes qui brisent, qui déchirent, les armes mécaniques en un mot, appartiennent aux militaires. Par contre, la marine n'aurait-elle pas le droit de se servir d'armes chimiques inoculatrices, asphixiantes, etc. Le général Frébault, de l'Artillerie de Marine, m'écrivait, à propos d'une proposition que je lui faisais sur ce sujet, que la marine avait à sa disposition des projectiles d'une puissance bien autrement grande que celle du projectile que je lui soumettais. Je tiens de M. Rousseau, mort pendant la guerre, qu'il s'engageait à fabriquer dans ses usines, sur l'ordre du gouvernement, telle quantité d'acide prussique qu'il eût désiré. Il était parvenu à empêcher son altération. Cette substance, pensait-il, est la seule qui, par son évaporation spontanée, puisse asphixier à l'air libre.

A terre, on semblerait rester plus sûrement dans le droit des gens, en construisant des fortifications souterraines, visibles seulement à une cinquantaine de pas ; à cette distance, du gros plomb de chasse, enduit d'un toxique, serait bien supérieur à une balle de fusil comme certitude d'atteindre l'ennemi. Un seul grain de plomb qui aurait percé la peau, suffirait pour mettre un homme hors de combat, et le fusil de chasse deviendrait ainsi supérieur au fusil à aiguille. Un fusil à vent, faisant peu de bruit, serait encore incontestablement plus dans le droit qu'une arme à feu. Un ancien professeur d'art militaire, le général américain Revere, de Morristown (New-Jersey) avec lequel j'ai échangé une correspondance à ce sujet, reconnaît que ces sortes d'armes pourraient être autorisées (*might be permitted*) pour la défense. C'est en effet ce qu'indique le droit de nature appuyé sur les mœurs des reptiles venimeux. Dans ce cas, elles seraient spécialement affectées aux Garde-côtes qui attendent toujours l'ennemi. C'est aussi ce général qui m'a appris que la pêche de la baleine avait été faite avec succès au moyen de projectiles contenant de l'acide prussique.

Pour se faire une idée stricte du droit de nature, il faut toujours se reporter aux deux idées extrêmes des emblêmes et armoiries : l'Aigle et le Serpent. La terre est le séjour commun de l'un et de l'autre ; mais l'aigle chasse dans l'air, sur les montagnes, et le serpent, de préférence dans l'eau, sur le bord des marécages.

On sait déjà de quelle ressource est l'air pour se dérober à l'ennemi : les communications en ballon ont été largement pratiquées au siége de Paris. En ajoutant aux fortifications souterraines des puits et des galeries immergées, munies d'une corde, d'une tireveille pour se guider, on pourra facilement déjouer la surveillance de l'ennemi. Ceux-là auxquels l'élément de Neptune est familier, comprendront la valeur de ce moyen de communication. Au reste, des vêtements de plongeur, munis d'un appareil pour respirer, peuvent faciliter de longues courses sous l'eau.

La présence de l'eau est le signe de la présence du droit. J'ai dit combien la division fictive des eaux douces et des eaux salées avait été fatale à la batellerie des rivières et à la marine ; en réunissant ce qui jamais n'aurait dû être disjoint, le droit pénètrera jusques dans l'intérieur des continents ; chaque rivière, chaque ruisseau, pour ainsi dire, constatera sa présence. Pour rendre ce droit facile à défendre, le premier soin, en présence de l'ennemi, sera de couper les ponts. Les gués, les endroits où l'on peut établir des ponts de bateau, semblent être les points signalés de préférence pour la défense.

Je me suis assuré à l'ambulance de l'Elysée, pendant le siége de Paris, que les Prussiens avaient fait usage de balles empoisonnées. Aucun des soldats atteints par elles n'a pu guérir. Je le sais du directeur de l'ambulance, auquel je tenais à m'adresser pour être bien renseigné. Le droit des gens réprouve de tels actes de la part des militaires qui y ont participé ; ils ne méritent aucun ménagement. La responsabilité remonte jusqu'au roi de Prusse lui-même, qui n'a pas su l'empêcher ou qui l'a toléré, aucun ordre du jour, aucune proclamation n'étant venue, à ma connaissance, témoigner de la douleur que lui inspirait l'emploi de ces pojectiles par ses soldats, lui qui, à la suite de la dernière guerre, s'est hâté de prendre l'aigle pour emblème à ajouter à son drapeau !

XIV

Nous aurons bientôt la revanche. Le bruit du canon qui nous arrive chaque jour de Vannes ou de Lorient en est comme le prélude. On se prépare. La Marine va encore se dévouer ; on lui donnera quelque fort à défendre. Mais si le sort trahit ses armes, la nation devra-t-elle subir le joug et se préparer une troisième fois ? La Prusse lui en laissera-t-elle le loisir ?

Il est une classe du public qui ne demande pas mieux qu'une petite guerre de temps à autre et cinq petits milliards à payer. On souscrit de la rente avec prime et on s'enrichit ainsi en faisant preuve d'un patriotisme malsain. Les cinq derniers milliards de papier ne seraient pas longtemps à en produire cinq autres et ainsi de suite. Où cela nous mènera-t-il ? La situation deviendra de plus en plus intolérable par les impôts. Le soldat ou le garde mobile se tire encore d'affaire en semblable occurrence par le droit de réquisition ; mais que deviendront les femmes et les enfants, la masse des paysans sans armes, incapables de se défendre. Il faut avoir entendu les paysans alsaciens émigrant aux États-Unis, après avoir tout perdu, grains, bétail et chevaux enlevés, habitations saccagées et livrées aux flammes, pour se faire une idée de cette détresse ! C'est alors que le nouveau droit peut intervenir fructueusement. Des fusils de chasse ! il y en a partout, et celui du braconnier ne sera pas le moins sûr et le moins efficace ; car il n'a pas l'habitude de jeter sa poudre aux moineaux. La seule condition exigée, pour ne pas sortir du droit des gens, sera de s'enrôler dans le corps des garde-côtes (1) qui, nouvelle garde nationale maritime sédentaire, défendra ses foyers contre l'invasion étrangère. La sanction du droit ne réside pas seulement dans le domaine de la raison, mais encore dans celui des faits en l'imposant par le succès. Il faut donc, à tout prix, arrêter une invasion par ce moyen. C'est pour ce droit nouveau une question d'être ou de ne pas être.

XV

Les sels minéraux qui semblent devoir être utilisés le plus sont les cyanures. Il y aurait lieu de répéter les expériences d'Orfila en introduisant sous la peau d'un chien un grain de plomb n°s 3 ou 4, enduit de cyanure. La partie interne de la cuisse est, paraît-il, la partie du corps des animaux où l'absorption est la plus rapide. Il doit en être de même chez l'homme. C'est ce qu'il ne faudra pas perdre de vue.

Ces sels étant excessivement vénéneux et difficiles à se procurer, à cause des formalités légales à remplir, je vais donner d'après Regnault, les procédés les plus usuels et les moins dangereux pour préparer le cyanure de potassium et le cyanure de mercure. Le premier étant plus soluble que le second doit aussi être plus efficace.

Cyanure de Potassium. On décompose, par la chaleur rouge, le cyanure double de potassium et de fer (2KCy, FeCy) qu'on trouve chez les droguistes en cristaux d'un beau jaune, sous le nom de *prussiate jaune de potasse.* Le cyanure de fer se décompose seul, et donne un carbure de fer insoluble. On reprend le résidu par l'eau, qui dissout le cyanure de potassium. On décante ensuite la liqueur, et on évapore sur des charbons. Le cyanure de potassium cristallise en cubes anhydres.

(1) La vieille génération doit encore se rappeler les anciens garde-côtes. J'en ai connu pour ma part. J'aimerais mieux l'expression de Garde-rives qui s'appliquerait également aux riverains des fleuves et des rivières.

Il est bon de se rappeler qu'il ne faut pas respirer les vapeurs des dissolutions cyanurées.

Cyanure de mercure. On fait bouillir ensemble 2 parties de bleu de Prusse ($3FeCy$, $2Fe^2Cy^3$), 1 partie et demie d'oxyde rouge de mercure (HgO) et 8 parties d'eau. On filtre la dissolution bouillante, et elle abandonne, par le refroidissement, des cristaux prismatiques blancs de cyanure de mercure anhydre.

On le prépare encore en faisant bouillir 2 parties de prussiate jaune de potasse avec 3 parties de sulfate de mercure (SO^3, HgO) dissoutes dans 15 à 20 parties d'eau. La liqueur abandonne, par le refroidissement, des cristaux de cyanure de mercure.

Je donne les formules chimiques afin de ne pas laisser prise aux erreurs de nom, que l'on peut toujours éviter à l'aide d'un traité de chimie, et de quelques notions de cette science.

Reste la fixation du toxique sur le projectile. L'immersion du plomb de chasse dans les dissolutions concentrées pourra suffire, mais aucune expérience n'a été faite sous ce rapport, que je sache. Le mercure formant un amalgame avec le plomb pourra servir utilement d'intermédiaire. Une immersion préalable du plomb dans une eau gommeuse sera peut-être suffisante. Tout cela est à expérimenter.

XVI

Les projectiles chimiques tiennent pour moi à un ordre d'idées telles qu'étant à Paris, sous la commune, je n'hésitai pas à en proposer l'adoption à M. Thiers et aux personnages de la commune, me faisant fort de rétablir l'ordre et la tranquillité, sans que les Versaillais ou les Communards fussent vainqueurs ou vaincus. Mais ceci ne faisait pas l'affaire des deux partis. Le vaste réseau des égouts était pour moi le thé-

être sûr de l'application du nouveau droit. Les déversoirs de la
voie publique étaient les ouvertures par lesquelles nous deve-
nions maîtres de la circulation, en tirant impitoyablement sur
tous ceux qui se seraient battus, soldats ou gardes nationaux.
Ils n'eussent pu circuler que côte à côte, comme de véritables
frères. Le plomb cyanuré aurait été ici le maître, et nous au-
rions renouvelé les conciliabules des premiers chrétiens dans
les catacombes. J'ai dit *maître* de la circulation ; je devrais
dire plutôt *serviteur* ; car est-ce être maître de la circulation
que de ne pas en jouir soi-même, de rester enseveli sous terre,
oublié peut-être si le service rendu n'en amenait pas la reconnaissance sous forme de vêtements et d'aliments. Le peu de
succès que j'avais obtenu près de M. Barthélémy Saint-Hilaire,
devait me faire présager l'accueil que me ferait M. Thiers.
Quant aux membres du Comité de salut public, de la Commune, etc., ils étaient trop épris de leurs ceintures rouges et
de leurs galons pour m'entendre et surtout me comprendre.

L'issue que je proposais deviendra inévitable ; car il ne reste
aux deux partis en présence que l'extermination, ou une entente
dont le pauvre Jacques sera toujours la dupe. C'est lui qui, en
définitive, paie les impôts de sang et d'argent. Je ne veux pas
dire que les partis en France en sont au point où je les ai trou-
vés aux États-Unis en 1872. Le sénateur de New-York, entré
pauvre dans la carrière, comptait une fortune de 12 millions de
dollars (soixante millions de francs), C'est alors que le Conseil
municipal de cette ville (Tammany ring) fut coffré en masse.
Dans les fournitures du City Hall, il y avait au budget assez
de tapis pour couvrir je ne sais combien de places publiques.
Non ! De pareilles mœurs ne sont encore chez nous qu'à l'état
d'exception, mais elles deviendront une généralité avec ces
légitimistes qui se soumettent au suffrage universel, parce que
le roi l'a permis ; avec ces républicains qui acceptent le fait
d'une autorité antérieure, parce que leurs électeurs se taisent.

Chair à canon ou rôle de dupe, il n'y a pas d'autre alternative en perspective pour le peuple.

On parle si facilement aujourd'hui du cours forcé des billets de banque. Le Saint-Père a signalé ailleurs cette monnaie. Quelle débâcle le jour où les assignats n'auront plus cours. A moins, toutefois, qu'il n'y ait assez d'entente dans la population pour leur donner cours quand même. Je fus très-étonné, en voulant payer avec de l'or dans un magasin de Philadelphie, de recevoir cette réponse : « Nous ne sommes pas changeurs, nous n'acceptons que du papier ». Et force me fut d'avoir recours au ministère d'un changeur. Là le citoyen est le souverain ; il se gouverne lui-même ; et il entrait dans les vues du parti au pouvoir d'augmenter la circulation fiduciaire.

Assurément, dans une guerre civile parisienne, il suffirait de s'entendre avec les propriétaires d'un quartier, d'une rue même, pour empêcher les combattants de s'y porter. Les indemnités ont beau venir après les dévastations et l'incendie, le propriétaire n'y trouve jamais son compte. Du plomb de chasse cyanuré ne ferait certainement pas grand mal aux propriétés.

Il suffirait d'inscrire aux angles des rues ces simples mots : *on ne se bat pas ici ;* et si l'avertissement ne suffisait pas, appuyée par du plomb cyanuré, une invitation plus pressante aurait son effet. Comment les soldats et les gardes nationaux lutteraient-ils contre un ennemi commun, tuant transversalement à petit plomb, d'une distance de quelques mètres, invisible dans une obscurité souterraine, n'ayant que juste assez de lumière pour viser ! Du coup, Victor-Emmanuel et Garibaldi ne manqueraient pas de se tendre la main pour écraser le nouvel ennemi. Mais le pourront-ils, quand toute une population s'élèvera contre eux ? C'était curieux sous la commune, d'assister aux ravages d'un obus à pétrole. Quand après avoir éclaté, la flamme qu'il produisait s'élançait dehors à pleine croisée, on poussait des cris de joie. Le peuple est un enfant qui, en faisant l'école buissonnière, allume des feux dans les champs. Grande est sa joie quand la flamme pétille. Il ne se trompe pas ; c'est bien lui, lui-même, qui a eu le pouvoir de la produire ; il délire de contentement. Ce sort des incendies sera désormais réservé aux propriétaires dans toutes les émeutes. Qu'il se range donc du côté des projectiles chimiques, puissants contre l'homme et inoffensifs contre la propriété. Le fusil à vent qui a joué un certain rôle sous la commune, en est le complément indispensable. On entendait fréquemment un bruit semblable à celui que fait une capsule. On prétendait que les tireurs étaient cachés dans les combles ; on pourrait tout aussi bien supposer qu'ils étaient postés dans les égouts ou dans les caves. En somme, on n'en savait rien.

Etant à Paris, avant la guerre, je voulus voir et sonder MM. de Rothschild sur ce droit nouveau. Créer de nouveaux moyens de destruction, rendre la guerre si terrible que cela devient folie d'y avoir recours, M. de Rothschild (M. Alphonse de Rothschild, je crois) entra vivement dans le sujet, et nous serions arrivés certainement à une entente, lorsque je glissai que cette question de projectiles chimiques embrassait une question religieuse. Il me regarda d'une singulière façon, et la conversation tomba bien vite ; il s'imaginait sans doute avoir affaire à un illuminé. M. de Rothschild n'est pas cependant un ennemi. Bien qu'il ait patronné des chemins de fer, je sais pertinemment qu'il n'en a pas moins offert de construire un canal latéral à la Loire entre Saint-Nazaire et Nantes, canal qui serait si utile à cette dernière ville et à notre marine. Mais il ne m'avait pas compris. Ce que j'ai conservé de notre entrevue, c'est la bonne fortune d'avoir approché la personnalité la plus marquante de l'aristocratie financière; aristocratie d'une distinction d'un nouveau genre, qui ne ressemble plus à cette aristocratie territoriale de l'ancienne noblesse, droite et majestueuse comme un chêne séculaire, dont j'ai connu encore quelques types respectés pendant ma jeunesse, mais que la jeune génération ne connaîtra pas; car la démocratie a déteint sur leurs enfants : la noblesse a descendu en même temps que le tiers-état a monté.

XVII

J'ai essayé de pénétrer d'un même lien les chapitres qui précèdent. La concession maritime m'a conduit à traiter non-seulement son économie, mais encore les questions religieuses et les questions de défense qui s'y rattachent. Je regrette que les bornes que je me suis imposées dans ce petit livre, ne me permettent pas plus de développements. Mais après la question de principes, la question d'application. Une industrie pleine d'avenir s'élève à l'horizon : la culture des eaux. J'ai indiqué suffisamment par quels côtés elle se rattachait à l'hygiène et à la religion. A ce propos, il serait même curieux de savoir comment insensiblement on est arrivé à supprimer un des jours maigres de la semaine. A-t-on suivi le torrent ou s'est-il imposé ? Toujours est-il que les fonds marins dévastés sont là devant nous, et cette disette y a été pour beaucoup sans doute. Mais les quelques vestiges qui y sont restés, ont déjà suffi pour reconstituer promptement la production sous-marine.

Après avoir obtenu la concession d'un parc reproducteur à Toulnine, près du meilleur banc d'huitres de la rivière d'Auray, je me suis mis immédiatement à l'œuvre. N'ayant que très-peu de capital à ma disposition, j'ai été obligé d'y suppléer par mon travail et mon savoir : j'ai créé une fabrique de tuiles-collecteurs à l'aide de vases tirées de la mer.

Ma réussite a dépassé mes espérances.

Cette réussite m'a engagé à solliciter la concession d'un parc d'élevage de 22 hectares situé sur l'Océan, près de Lopérech, à quatre kilomètres de ma première concession, entre les sociétés ostréicoles du Brennegny et de Pointerville. Ce parc forma une anse qu'il s'agit de fermer par un barrage de 240 mètres. La profondeur d'eau moyenne sera comprise entre 1 mètre et 2 m. Le fonds est principalement dur. Le barrage sera abrité des mauvais vents : on ne saurait mieux désirer. On ne peut s'étonner que d'une chose, c'est que cette anse ait été délaissée pendant si longtemps, quand les fonds voisins ont déjà été mis en rapport. Ma tuilerie, mon parc reproducteur, d'une superficie d'un hectare quarante ares, seront le point de départ du peuplement en huîtres de l'anse de Lopérech, dite aussi *Ster er Verret* (le chenal du cimetière) parceque du temps de la révolution, à l'affaire de Quibéron peut-être, un navire y fut jeté à la côte, et les étrangers qui le montaient y auraient été tués et enterrés. C'est une tradition locale (1).

Deux modes d'exploitation sont usités parmi les parqueurs : l'exploitation par le capital, l'exploitation par le travail. Le premier se fait surtout par les sociétés parisiennes , le second par quelques associations de la Trinité, qui ont été patronées par l'Etat. Je ne crois pas le premier système économique, parcequ'il a fait déjà considérablement monter la main-d'œuvre, et qu'une surveillance excessive est nécessaire pour obtenir des ouvriers une petite somme de travail. Le second laisse également à désirer : les chefs de l'une de ces associations me disaient « qu'il leur manquait quelqu'un pour les diriger ». Comme dans toutes les républiques , le self-government y est difficile , et on y a une tendance à réclamer un dictateur. Néanmoins, il faut le reconnaître, ces deux systèmes sont nécessaires et servent de point de départ aux systèmes intermédiaires (2). Je me suis

---

[1] Un brave paysan en ribotte (in vino veritas) me disait dernièrement : « lorsque j'étais jeune et chasseur de penras, en passant près de l'endroit je me traînais à plat ventre ; j'avais peur que les morts ne se levassent pour m'emporter avec eux dans leur ombe. Vous riez , mais moi je ne ris pas ». Celui qui n'a pas senti de ces frissons-là passer dans son dos, n'est pas breton. On ne fait pas sa première éducation, on la subit.

(2) C'est dans ces deux types d'exploitation qu'à ma connaissance se sont produits les deux plus grands faits actuels de l'industrie huîtrière : la reproduction en parc

rêté à leur combinaison ; je n'ai au reste qu'à faire l'application de ce qui se passe dans le cabotage et la pêche côtière, où le bateau est la propriété des actionnaires, et où l'équipage est payé à la part. Généralement un tiers du produit est appliqué aux actionnaires et deux tiers aux pêcheurs.

Partant de ce principe que 5 % est la rétribution normale des capitaux, et 1 fr. 50 centimes par jour celle du travail à la journée dans le pays, pour rester dans les données ci-desssus il faudrait, sur 7500 fr. de produit, assigner 5000 fr. au personnel du parc et 2500 fr. aux actionnaires. C'est en effet ce qui arrive avec 50,000 fr. de capital et un équipage de 11 parts qui suffiront tout d'abord à l'exploitation.

L'intérêt de 50,000 fr. à 5 % est de 2500 fr., et 300 jours de travail par an (non comptés les dimanches et les fêtes) font, pour onze parts à 1 f. 50 par jour, près de 5000 fr. J'adopterai donc cette répartition, entre le travail et le capital, dans la société civile que je vais tenter de former, un tiers pour le capital, et deux tiers pour le travail.

Je me réserve le droit d'augmenter le nombre des marins lorsque la part aura dépassé 1000 francs pendant deux années consécutives, et d'augmenter le capital lorsque son revenu aura été de 10 pour cent net, également pendant deux années consécutives. Les enfants et les parents des hommes composant l'équipage seront admis de préférence dans la société, et le capital à souscrire sera attribué par privilège aux actionnaires.

A ceux-là qui trouveraient chimérique de chercher à maintenir l'équilibre entre le travail et le capital, je rappellerai cette parole de Napoléon 1er « Dans cinquante ans la France sera républicaine ou cosaque ». Au lieu de transformer cette animosité qui existe entre le principe d'autorité et le principe de liberté,

clos et la suppression complète des caisses. Cett reproduction s'était déjà accomplie sur une petite échelle à Pen Castel en Sarzeau ; mais au Brennoguy en Locmariaquer, elle a eu, cette année, quelque chose de grandiose et de saisissant. La Groisiène, association de la Trinité, a maintenant 180,000 tuiles dehors ; elle fait de grands semis d'huîtres et n'emploie pas une seule caisse.

entre le capital et le travail, difficulté qui a été résolue dans le cabotage et la pêche côtière, comme je viens de le dire, nous devrions, paraît-il, exciter la chambre des députés contre le sénat, chose malheureusement trop facile aujourd'hui ; demander une bataille décisive où toutes les forces de l'armée et de la garde nationale seront mises en présence pour qu'elles s'exterminent, jusqu'à ce qu'enfin, nous sachions définitivement si la France sera cosaque ou républicaine. Le principe est vrai pour une société comme pour une nation. Ceux-là qui sont vraiment français, qu'ils répondent ! S'il est facile d'être russe ou américain, ces deux extrêmes du contrat social, il est peut-être plus difficile de rester français. Ce n'est que par une pondération de ces deux puissances nécessaires l'une à l'autre, le capital et le travail, l'aristocratie et la démocratie, que nous pouvons marquer notre place au soleil, place qui appartient à la France seule, que nulle autre nation ne pourrait occuper, qui doit même s'imposer à nous du petit au grand, du particulier au général, sinon exterminons-nous !

Tout cela pour la constitution d'une société huitrière, dira-t-on. Oui, dans les petites choses comme dans les grandes la logique est inexorable. Je trouve admirable, sublime même, cette conciliation du travail et du capital perpétuée dans la marine. Malheureusement le lien se relâche, le système de la part s'en va ; les équipages de caboteurs tendent de jour en jour à s'engager au mois ; ils n'ont plus la même confiance dans les capitaines, et ceux-ci ne peuvent se tirer d'affaire, avec les bas frets, qu'en réduisant en quelque sorte la part de l'équipage. Mais les vents contraires, les longs voyages déjouent souvent ces calculs. C'est une débâcle générale de la cohésion des intérêts maritimes. Elle tourne évidemment contre la marine elle-même.

Heureusement le marin pêcheur a mieux su conserver les traditions maritimes. Là, l'engagement au mois est inconnu

Ce sont ces exemples que je m'efforcerai de faire entrer dans l'application, en les adaptant à notre société.

Les constructions attenant au sol étant assimilées à un navire pour ce qui concerne la propriété des actionnaires, leur durée déterminera celle de la société ; c'est-à-dire qu'à l'aide de réparations elle pourra être indéfinie, comme celle de l'Etat lui-même propriétaire du fonds.

L'indemnité de la direction sera de 20 pour cent du revenu net total de la Société. Elle équivaut, selon les anciennes coutumes de Locmariaquer, à trois parts environ. Je ne réclame pas de la Société la valeur de la rente dont l'Etat me fait personnellement l'abandon. Cette rente, au taux des parqueurs non-inscrits qui la paient, serait d'environ 2500 fr. par an, et que j'ai payé de mon sang en servant sur les bâtiments de la nation. C'est l'équivalent des concessions spéciales faites gratuitement en Algérie aux militaires ou mieux encore aux tribus du Magkzen. Néanmoins, je ne fais complètement cet abandon qu'en échange d'une somme de six mille francs qui me sont indispensables pour payer des dépenses faites, et qui seront prélevés sur le capital.

J'ai l'espoir que la Société trouvera dans le pays les capitaux qui lui sont nécessaires. Les déconfitures financières éloignées, qui arrivent chaque jour, sont un avertissement pour les capitalistes qu'ils ne peuvent faire valoir sûrement leurs capitaux, que s'ils consentent à s'en occuper eux-mêmes. Et plus près les entreprises sont de chez eux, plus sûrement ils peuvent les contrôler. C'est une simple question de bon sens.

Les personnes qui voudront souscrire, sur les bases énumérées ci-dessus, à la Compagnie huitrière de Toulnine-Lopérech, sont priées de m'adresser leurs adhésions à Locmariaquer, par Auray (Morbihan).

A.-M. BLANCHO.

www.ingramcontent.com/pod-product-compliance
Lightning Source LLC
LaVergne TN
LVHW021812170726
843503LV00007B/3166